길이

 길이 FAQ

Q: 길이에 대한 학습은 초등학교 수학과 어떤 관계가 있을까요?

길이에 대한 학습 내용은 일상생활과 밀접하게 관련이 있고, 기하학의 기초가 되므로 초등학교 교과 과정에서 1학년부터 3학년까지 매해 아이들이 학습할 수 있도록 편성되어 있습니다. 아이가 고학년이 되어도 길이는 기하학과 관련된 단원의 기초가 되므로 길이에 대한 단원이 없다고 할 수 없습니다. 따라서 길이에 대한 기본기를 탄탄히 하는 것은 아이의 수학 실력에 많은 영향을 줄 것입니다.

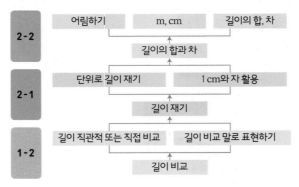

Q: 언제 길이를 가르치면 좋을까요?

어린아이들은 먼저 주변 사물의 색, 모양, 크기 등의 속성을 비교해 보며 사물에 대한 수량적 개념을 형성해 나갑니다. 그리고 점차 주변 여러 가지 대상을 양적 특성을 가진 속성, 즉 길이 등에 따라 비교하기 시작합니다. 이러한 비교는 비교적 어린 시절부터 시작하므로 길이에 대한 학습은 어린아이가 말로 속성을 표현할 때부터 자연스럽게 시작할 수 있습니다. '아빠가 엄마보다 키가 크네.', '줄넘기가 리본보다 기네.' 등의 말로 아이 주변의 여러 가지 길이를 비교하는 다양한 표현을 사용함으로써 아이에게 길이에 대한 학습 동기를 부여합니다.

Q: 길이는 어떤 과정을 따라 가르칠까요?

어린아이에게 처음 길이를 가르칠 때는 비교하고자 하는 대상 간의 차이가 명확한 것부터 시작하여 점차 비슷한 것을 비교하도록 합니다. 예를 들어 토끼와 기린의 키의 비교에서 색연필과 크레파스의 길이 비교로 발전시키는 것입니다. 색연필과 크레파스 중 어느 것이 더 긴지 시각적으로 길이를 비교할 수 있는 경우는 직관적 비교에 해당합니다. 그러나 길이가 엇비슷하여 두 대상을 맞대어보고 비교해야 하는 것은 직접 비교에 해당합니다.

직관적 비교와 직접 비교의 다음 단계는 간접 비교입니다. 멀리 떨어져서 직접적으로 길이를 비교할 수 없는 경우 끈이나 막대 등을 이용하여 길이를 비교하는 방법입니다. 초등 과정에서는 이 단계를 단위로 길이를 비교하는 방법으로 가르칩니다.

단위로 길이를 비교하는 과정을 지나면 아이는 이제 '자'를 이용하여 'cm', 'm' 등의 단위로 길이를 나타내고, 비교하며, 길이의 합과 차를 구하는 단계로 넘어갑니다. 해당 교재에서는 초등 1학년, 2학년에 나오는 길이에 대한 교과 과정을 모두 담고 있으므로, 기하학의 기초가 되는 길이에 대한 학습을 탄탄하게 하는 데 많은 도움이 될 것입니다.

Q: 길이를 어림하는 과정은 왜 필요할까요?

초등 교과 과정에서는 길이를 어림하는 학습에 많은 시간을 투자하고 있습니다. 그러나 부모님 중 이 과정이 왜 필요한가에 강한 의문을 제기하시는 분들이 많이 계시죠. 왜 이 과정이 필요할까요?

① 버스의 길이는 10 m일까? 100 m일까?

길이 어림하기는 실제 길이에 대한 감을 길러줄 수 있는 가장 좋은 방법입니다. 길이에 대한 감이 없는 어린아이들은 단순히 문제에 대한 답은 계산할 수 있어도, 위와 같은 질문을 할 정도로 부모님이 보기엔 극단적으로 차이가 나는 10 m와 100 m의 길이를 구분하지 못합니다. 실생활에서 길이에 대한 감은 여러 가지 면에서 꼭 필요한 부분입니다.

② 'cm'를 써야 할까? 'm'를 써야 할까?

부모님들은 아이들이 답이 10 cm인 문제의 답을 10 m라고 쓰면 단순히 실수라고 생각합니다. 그러나 많은 경우 길이의 답으로 1 cm가 적당한지 1 m가 적당한지 몰라서 잘못 쓴 것입니다. 만약 문제에서 손톱의 길이를 물었다면 'cm', 어린아이의 키를 물었다면 'm'가 적당한 단위지만 길이에 대한 감을 갖지 못한 아이에게는 어려운 문제입니다. 교재에서는 실제 길이에 대한 어림을 해보고, '눈금 없는 자'를 이용하여 어림하여 길이를 그어보는 등의 활동을 통하여 길이에 대한 감을 기르고 있습니다. 부모님께서 교재 학습을 하지 않으실 때도 '엄마의 키는 몇 cm일까?', '저 책상의 높이는 몇 cm일까?' 등의 질문으로 아이와 길이 어림에 관한 대화를 주고받는 것이 좋습니다.

Q: 길이를 학습하는 데 필요한 것이 무엇일까요?

① 여러 가지 사물

길이와 같이 측정에 대한 학습을 할 때는 실생활에서 아이의 이해를 돕기 위해 여러 가지 사물을 활용할 수 있습니다. 특히 실이나 리본과 같이 구부러지는 사물의 길이 비교를 어려워하는 어린 아이들의 이해를 돕기 위해서 자유롭게 구부러지는 사물을 이용하는 것은 많은 도움이 됩니다.

② '자'와 '눈금 없는 자'

길이 학습에 필요한 가장 필수적인 교구재는 '자'와 더불어 '눈금 없는 자'입니다. 길이 어림하기에 사용되는 '눈금 없는 자'는 시중에서 구하기 어려울 수 있으므로 책의 부록으로 '자'와 함께 제공되는 '눈금 없는 자'를 사용합니다.

이 책의 차례

1단원 비교

- 길이 비교

- 높이, 키 비교

- 거리 비교

- 모눈과 모양으로 비교

1일 길이 - 길어요, 짧아요

🐤 길이를 비교해 보아요.

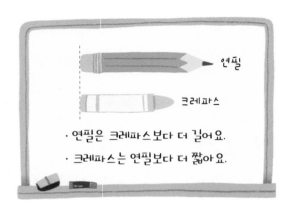

길이를 비교할 때는 '길다', '짧다'라고 말해.

연필
크레파스

· 연필은 크레파스보다 더 길어요.
· 크레파스는 연필보다 더 짧아요.

🐤 수수깡보다 더 긴 것에 ◯표 하세요.

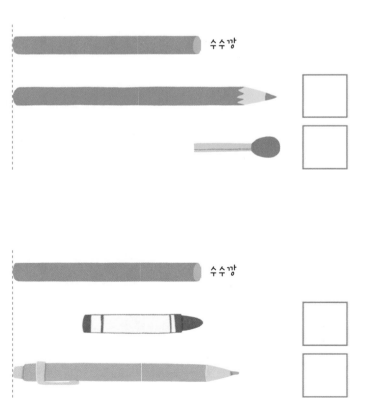

수수깡

수수깡

🐤 그림을 보고 빈 곳에 알맞은 말을 찾아 선으로 이으세요.

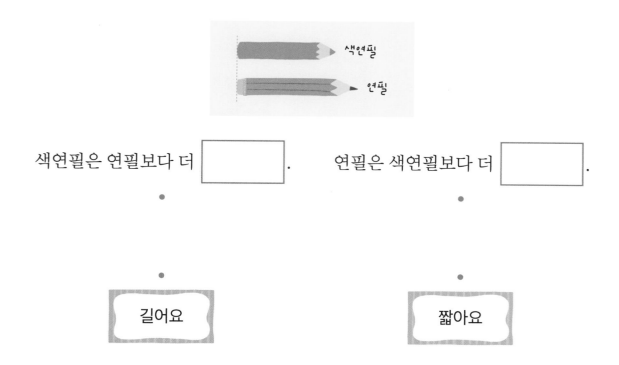

색연필은 연필보다 더 ☐ .

연필은 색연필보다 더 ☐ .

•

•

•

•

| 길어요 |

| 짧아요 |

🐤 가장 긴 것에 ◯표, 가장 짧은 것에 △표 하세요.

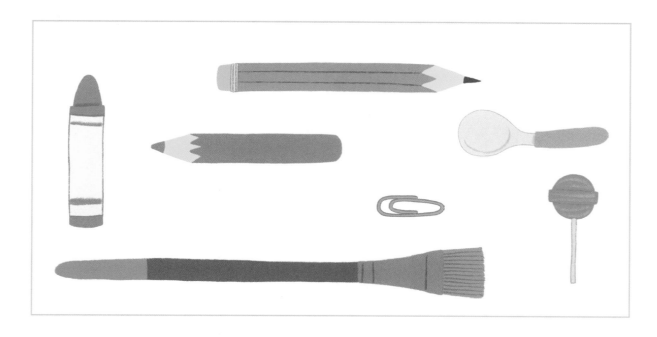

2일 높이 - 높아요, 낮아요

🐤 높이를 비교해 보아요.

🐤 더 높은 쪽에 ○표 하세요.

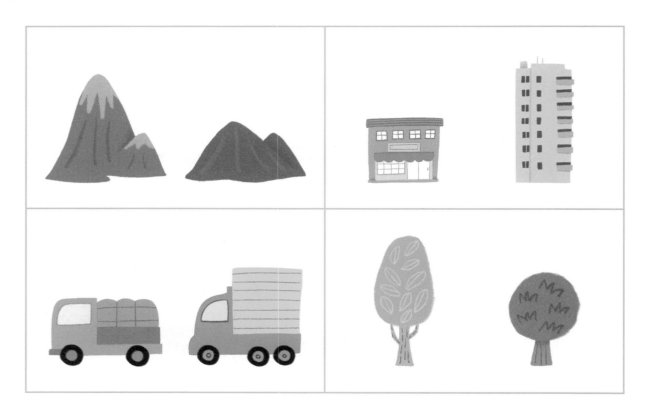

🐤 철봉의 가장 낮은 쪽에 ○표 하세요.

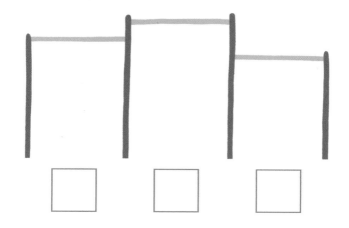

⬜ ⬜ ⬜

🐤 그림을 보고 물음에 답하세요.

가장 높은 곳에 있는 건물부터 차례로 기호를 쓰세요.

⬜ , ⬜ , ⬜

가장 높은 건물부터 차례로 기호를 쓰세요.

⬜ , ⬜ , ⬜

키 – 커요, 작아요

🐦 키를 비교해 보아요.

🐦 키가 더 큰 쪽에 ◯표 하세요.

🐥 키가 가장 큰 식물에 ○표, 가장 작은 식물에 △표 하세요.

🐥 키가 가장 큰 친구와 키가 가장 작은 친구는 누구일까요?

세민   승수   다운

가장 큰 친구: ☐ , 가장 작은 친구: ☐

거리- 멀어요, 가까워요

🐤 어느 마을의 지도예요. 공원에서 가장 가까운 곳에 ○표, 가장 먼 곳에 △표 하세요.

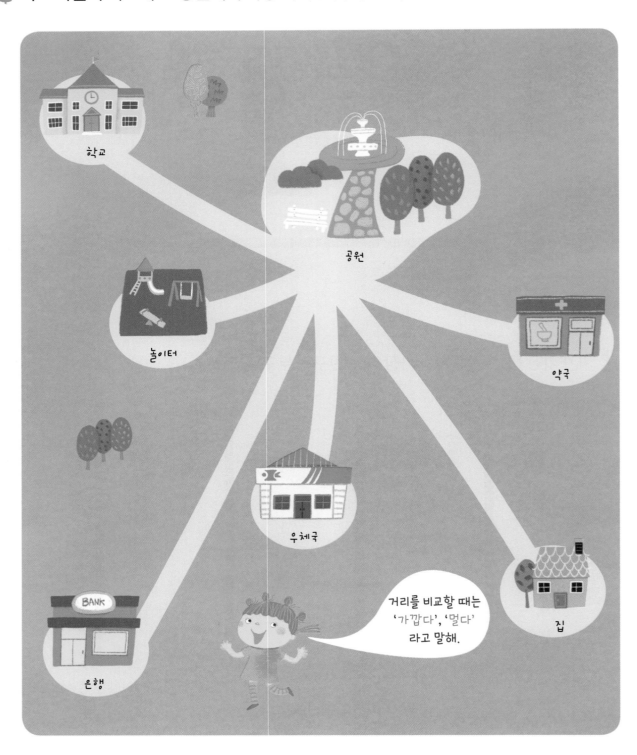

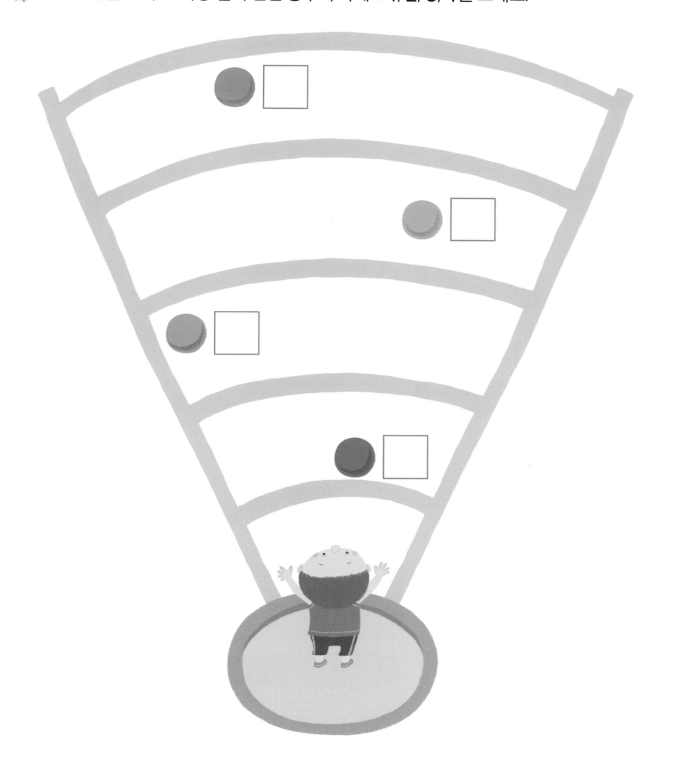

🐤 친구가 공을 던져요. 가장 멀리 던진 공부터 차례로 **1, 2, 3, 4**를 쓰세요.

모눈으로 비교해요

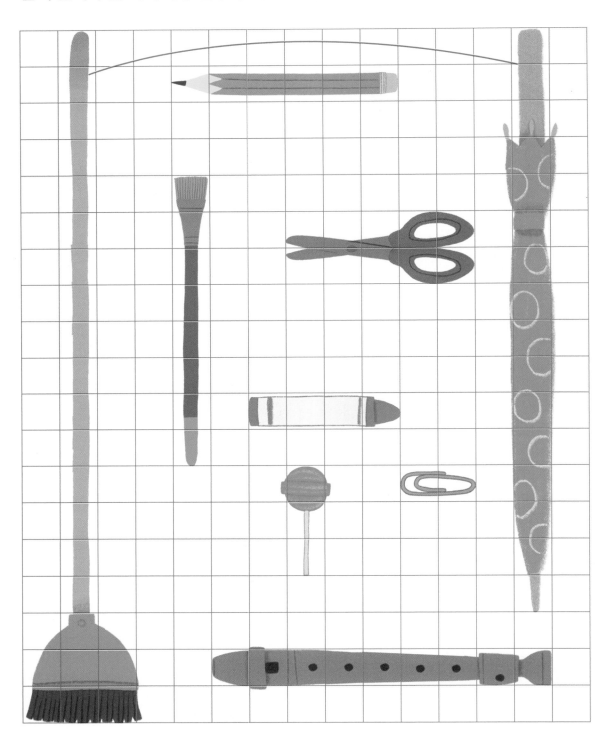 모눈의 칸의 수를 세어 가장 긴 것부터 가장 짧은 것까지 차례로 선을 이으세요.

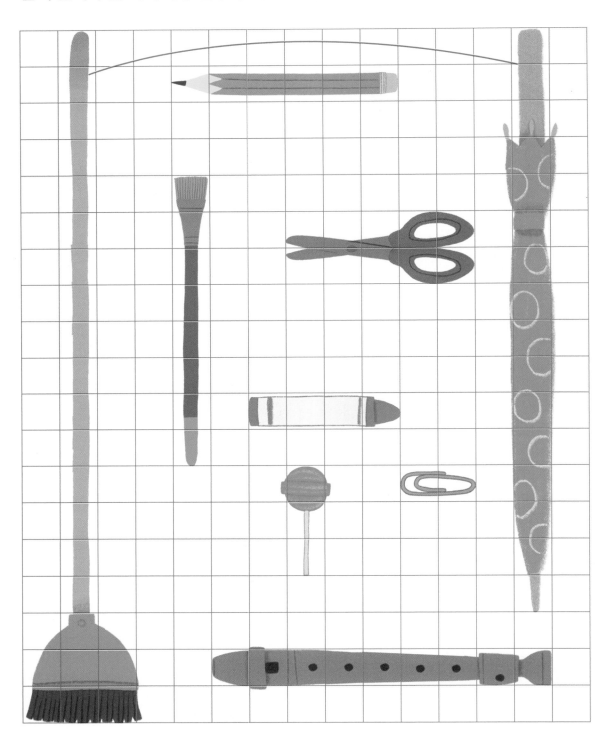

🐦 토비가 살고 있는 마을 그림을 보고 물음에 답하세요.

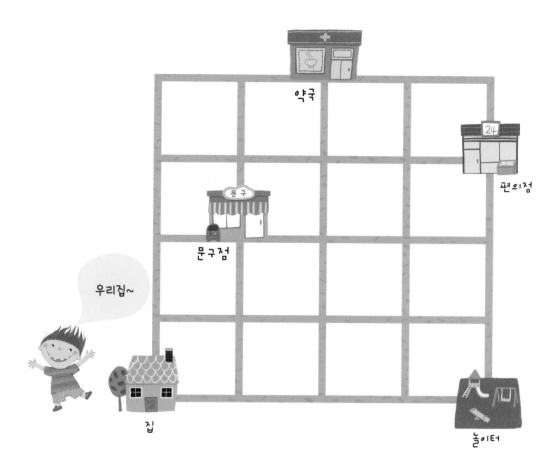

토비의 집에서 가장 가까운 곳에 ○표 하세요.

토비의 집에서 가장 먼 곳에 ○표 하세요.

모양으로 비교해요

🐤 길이가 가장 짧은 리본부터 차례로 1, 2, 3을 쓰세요.

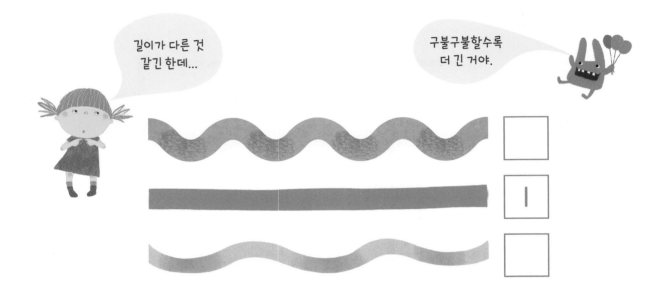

🐤 휴대전화 충전기예요. 길이가 가장 짧은 것에 ○표, 가장 긴 것에 △표 하세요.

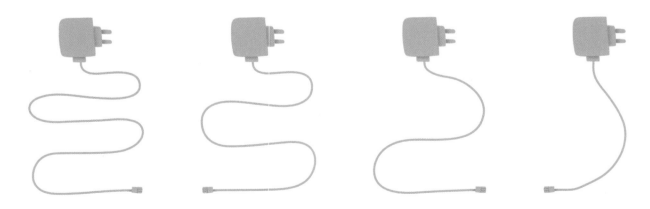

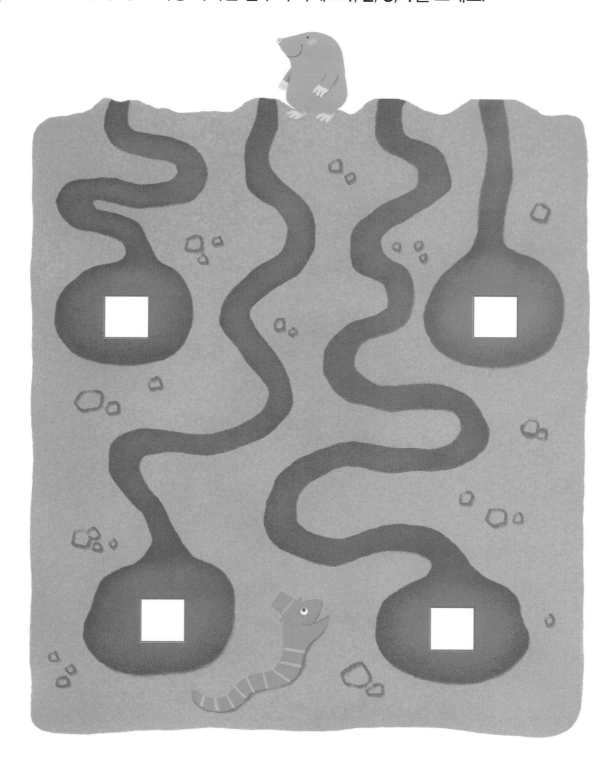

두더지가 집에 가요. 가장 가까운 집부터 차례로 1, 2, 3, 4를 쓰세요.

1 더 긴 것에 ◯표, 더 짧은 것에 △표 하세요.

2 더 높은 곳에 있는 친구와 키가 더 작은 친구를 쓰세요.

더 높은 곳에 있는 친구: ☐ , 키가 더 작은 친구: ☐

3 가장 긴 것부터 차례로 기호를 쓰세요.

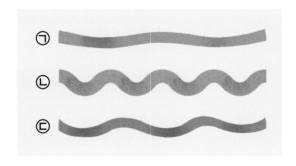

☐ , ☐ , ☐

2단원 길이 재기와 cm(센티미터)

- 단위로 길이 재기

- cm(센티미터)

- 자로 길이 재기

- 몇 cm

단위로 길이 재기

🐤 단위로 길이를 재는 방법을 알아보아요.

단위로 길이를 잰다고?

단위는 어떤 길이를 재는 데 기준이 되는 길이를 말하는 거야.

단위에는 여러 가지가 있지.

🐤 클립을 단위로 하여 연필과 붓의 길이를 쟀어요. ☐ 안에 알맞은 수를 쓰세요.

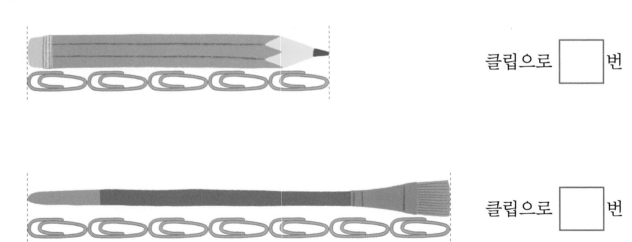

클립으로 ☐ 번

클립으로 ☐ 번

🐤 여러 가지 단위로 칠판의 긴 쪽 길이를 쟀어요. ☐ 안에 알맞은 수를 쓰세요.

우산으로 ☐ 번

숟가락으로 ☐ 번

리코더로 ☐ 번

크레파스로 ☐ 번

몸의 일부를 단위로 길이 재기

🐸 몸의 일부로 길이를 재는 방법을 알아보아요.

🐸 여러 가지 물건의 길이가 몇 뼘인지 알아보아요.

☐ 뼘

☐ 뼘

🐤 엄지손가락 너비로 몇 번인지 ☐ 안에 알맞은 수를 쓰세요.

☐ 번

☐ 번

🐤 다음 길이를 잴 때 단위로 알맞은 몸의 일부를 찾아 선으로 이으세요.

책상 길이

지우개 길이

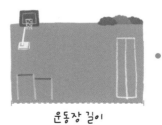

운동장 길이

9일 l cm(센티미터)

🐥 cm를 알아보아요.

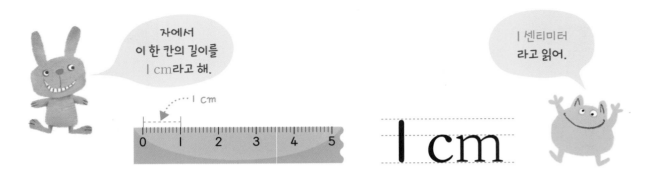

자에서 이 한 칸의 길이를 l cm라고 해.

l 센티미터 라고 읽어.

l cm

🐥 주어진 길이를 쓰세요.

cm 쓰는 순서

| l cm | l | 번 |

l cm

| l cm | | 번 |

2 cm

| l cm | | 번 |

3 cm

센티미터라고 읽으면서 쓰자.

🐤 I cm 정도 되는 물건에 모두 ○표 하세요.

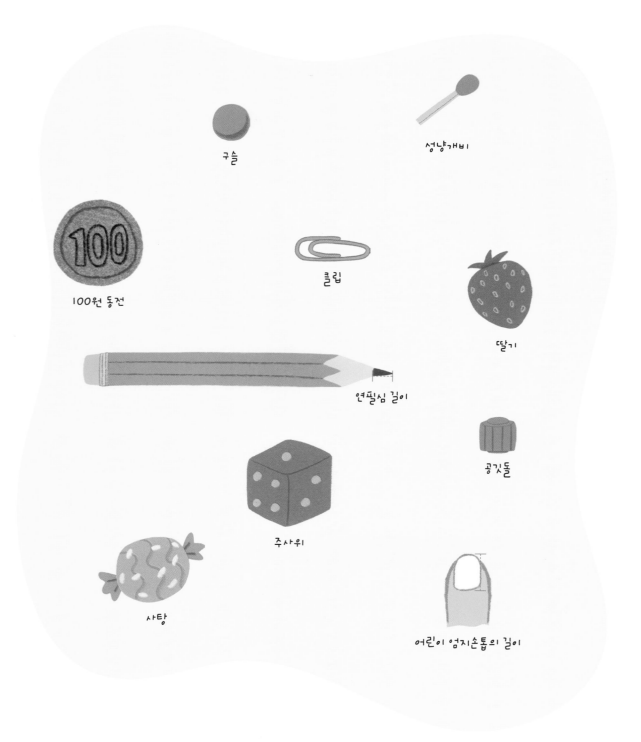

구슬

성냥개비

100원 동전

클립

딸기

연필심 길이

공깃돌

주사위

사탕

어린이 엄지손톱의 길이

10일 길이 재기1

🐥 자를 이용하여 길이를 재는 방법을 알아보아요.

① 색연필의 한끝을 자의 눈금 0에 맞춥니다.

② 색연필의 다른 끝에 있는 자의 눈금을 읽습니다.

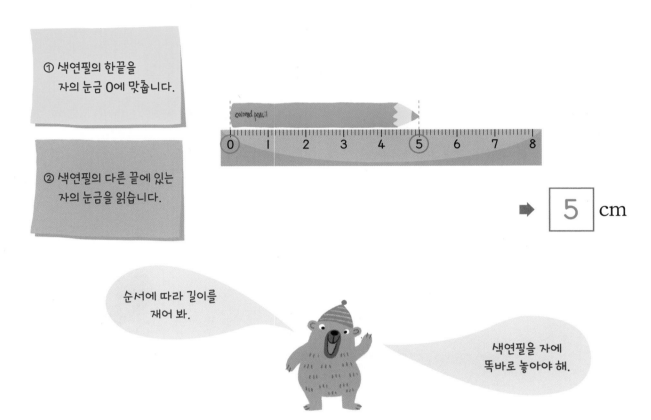

➡ $\boxed{5}$ cm

순서에 따라 길이를 재어 봐.

색연필을 자에 똑바로 놓아야 해.

🐥 몇 cm일까요?

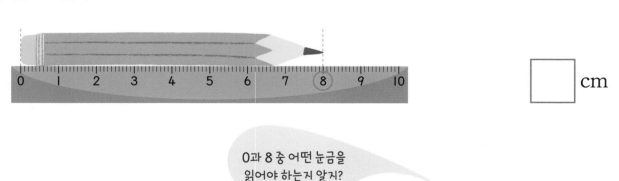

$\boxed{}$ cm

0과 8 중 어떤 눈금을 읽어야 하는지 알지?

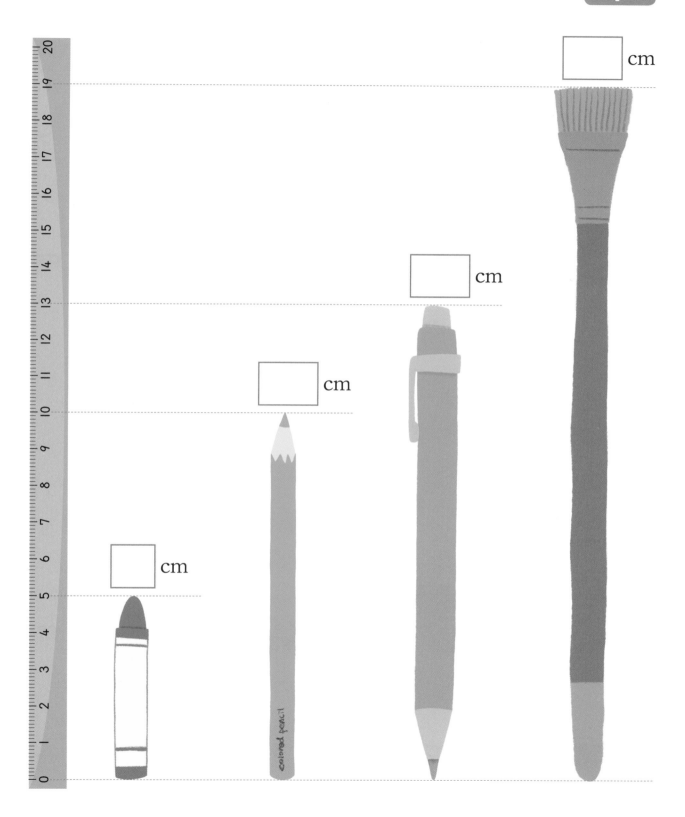

cm

cm

cm

cm

길이 재기 2

🐤 자의 눈금 0을 맞추지 않고 길이를 재는 방법을 알아보아요.

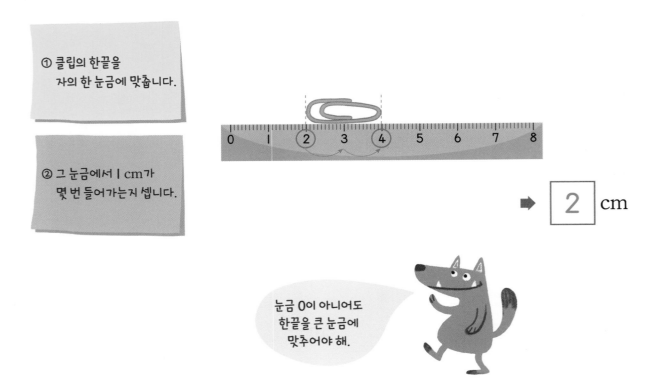

① 클립의 한끝을
   자의 한 눈금에 맞춥니다.

② 그 눈금에서 1 cm가
   몇 번 들어가는지 셉니다.

➡ ☐ 2 ☐ cm

눈금 0이 아니어도
한끝을 큰 눈금에
맞추어야 해.

🐤 몇 cm일까요?

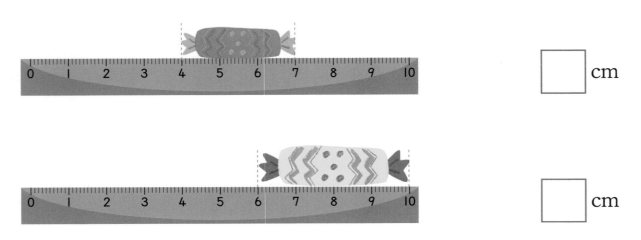

☐ cm

☐ cm

cm

cm

cm

cm

cm

몇 cm

🐤 자를 이용하여 물건의 길이를 재어 보세요.

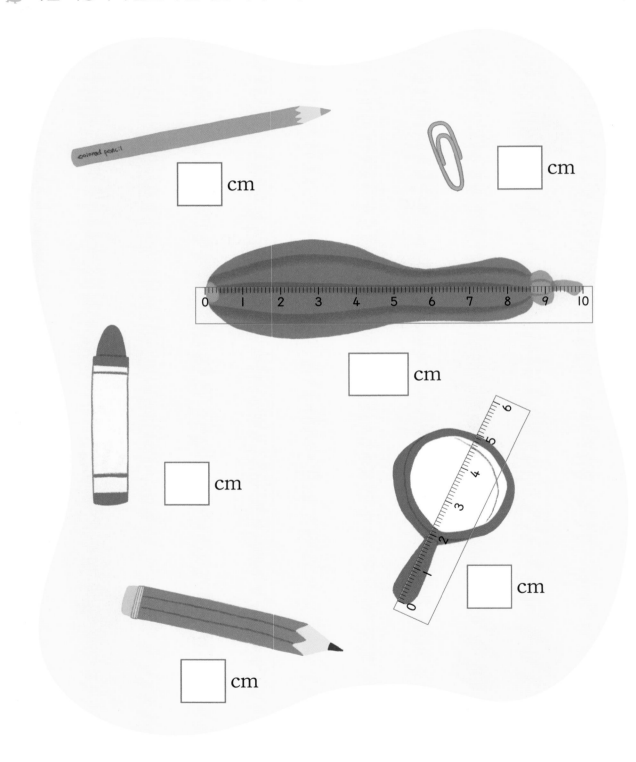

🐦 길이 재기가 잘못된 이유를 이야기를 한 요괴 친구와 선으로 이으세요.

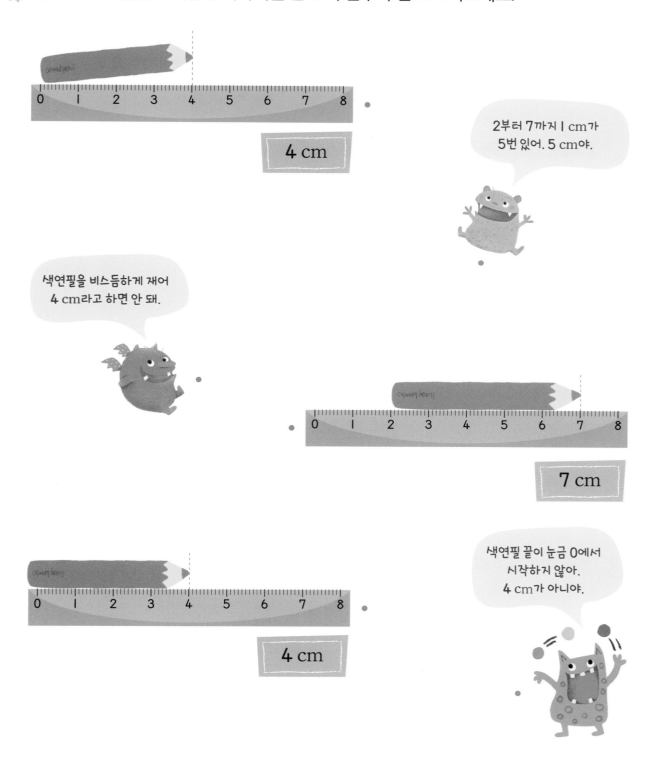

4 cm

2부터 7까지 1 cm가
5번 있어. 5 cm야.

색연필을 비스듬하게 재어
4 cm라고 하면 안 돼.

7 cm

4 cm

색연필 끝이 눈금 0에서
시작하지 않아.
4 cm가 아니야.

1 리코더와 연필을 단위로 빗자루의 길이를 쟀어요. ☐ 안에 알맞은 수를 쓰세요.

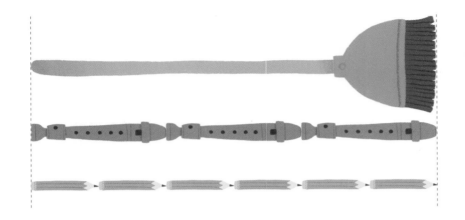

리코더로 ☐ 번

연필로 ☐ 번

2 몇 cm일까요?

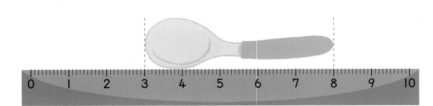

☐ cm

3 자를 이용하여 물건의 길이를 재어 보세요.

☐ cm

☐ cm

3단원 m(미터)

- m(미터)

- m, cm

- 길이 비교

- 멀어요, 가까워요

13일 m(미터)

🐦 cm보다 큰 단위를 알아보아요.

🐦 m를 바르게 써 보아요.

34 예비 초등 수학_길이

🐸 100 cm는 1 m입니다. ☐ 안에 알맞은 수를 쓰세요.

200 cm = ☐ m   500 cm = ☐ m

700 cm = ☐ m   800 cm = ☐ m

200 cm는 100 cm가
2번 있는 거니까 2 m지.

🐸 길이가 같은 것끼리 선으로 이으세요.

4 m	9 m	6 m	3 m
•	•	•	•

•	•	•	•
900 cm	400 cm	300 cm	600 cm

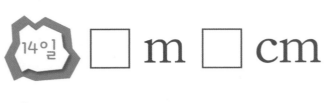

14일 □ m □ cm

□ m □ cm를 읽어 보아요.

2 m 50 cm

1 m 12 cm		4 m 5 cm

□ 미터 □ 센티미터

4 □ 5 □

6 m 27 cm		5 m 80 cm

6 □ □ 센티미터

□ 미터 80 □

🐥 ☐ 안에 알맞은 수를 쓰세요.

2 m를 200 cm로 생각하면 2 m 15 cm가 몇 cm인지 알 수 있지.

2 m 15 cm = 215 cm
200 cm   200+15

120 cm = 1 m 20 cm
m cm

120 cm에서 뒤의 두 자리 수는 cm, 앞 수는 m야.

5 m 30 cm = ☐ cm
= 500 + 30

811 cm = ☐ m ☐ cm
m cm

2 m 15 cm = ☐ cm

460 cm = ☐ m ☐ cm

3 m 9 cm = ☐ cm

🐦 줄자와 자는 어떻게 다른지 알아보아요.

🐦 책상의 가로 길이를 줄자로 재었어요.

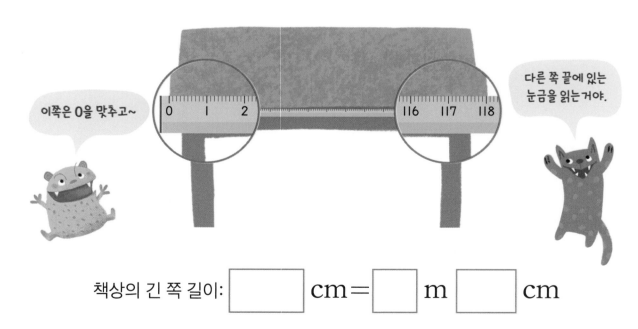

책상의 긴 쪽 길이: ☐ cm = ☐ m ☐ cm

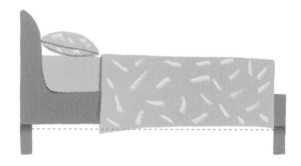

집에 있는 물건의 실제 길이를 자로 재어 보세요.

침대의 긴 쪽 길이: ☐ cm = ☐ m ☐ cm

냉장고의 높이: ☐ cm = ☐ m ☐ cm

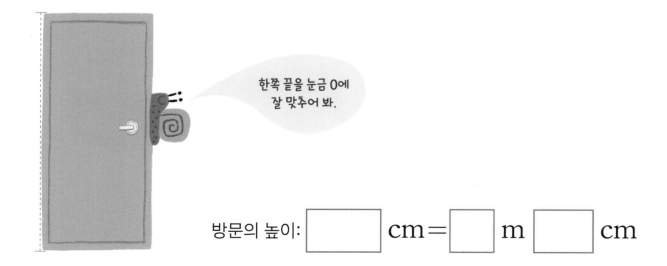

한쪽 끝을 눈금 0에 잘 맞추어 봐.

방문의 높이: ☐ cm = ☐ m ☐ cm

| m

🐤 길이가 | m를 넘는 것에 모두 ○표 하세요.

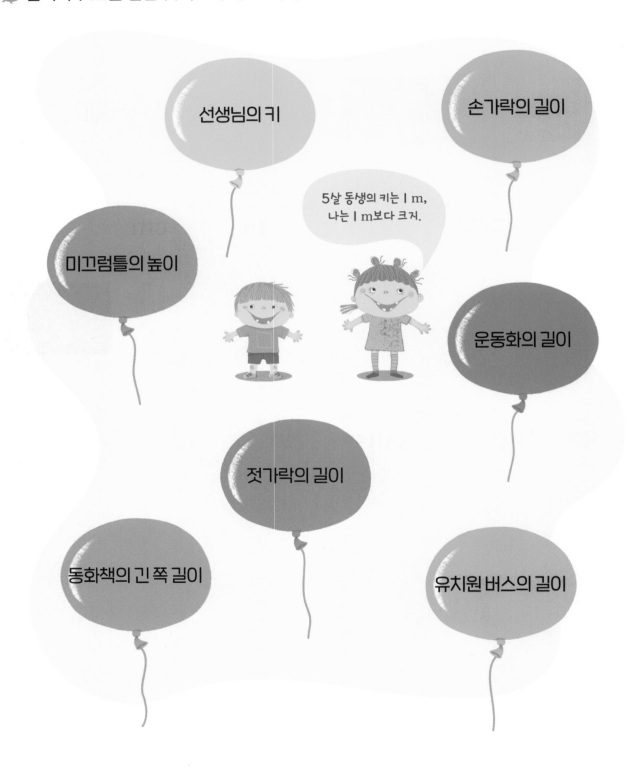

🐦 가로등의 높이를 생각하여 길이가 5 m를 넘는 것에 모두 ○표 하세요.

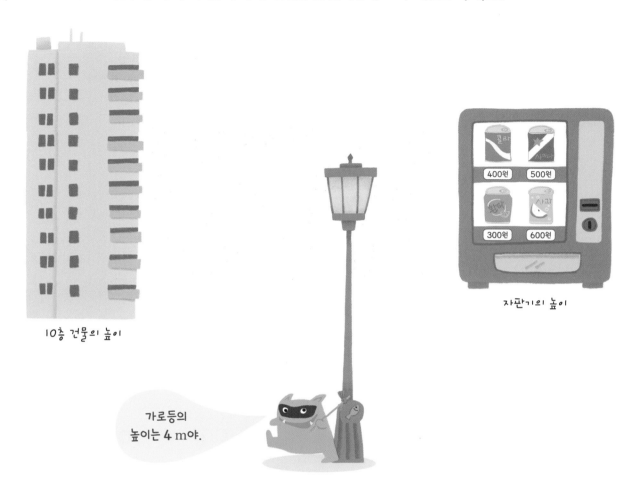

10층 건물의 높이

자판기의 높이

가로등의
높이는 4 m야.

트럭의 높이

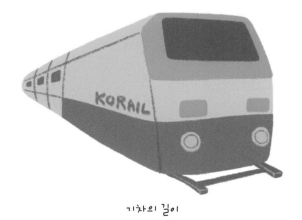

기차의 길이

길이 비교

🐤 ◯ 안에 >, =, <를 알맞게 넣으세요.

7 m 9 cm ◯ 10 m 38 cm

6 m 6 cm ◯ 6 m 60 cm

2 m 99 cm ◯ 1 m 99 cm

4 m 51 cm ◯ 4 m 15 cm

🐦 길이가 더 긴 쪽을 따라 미로를 통과하세요.

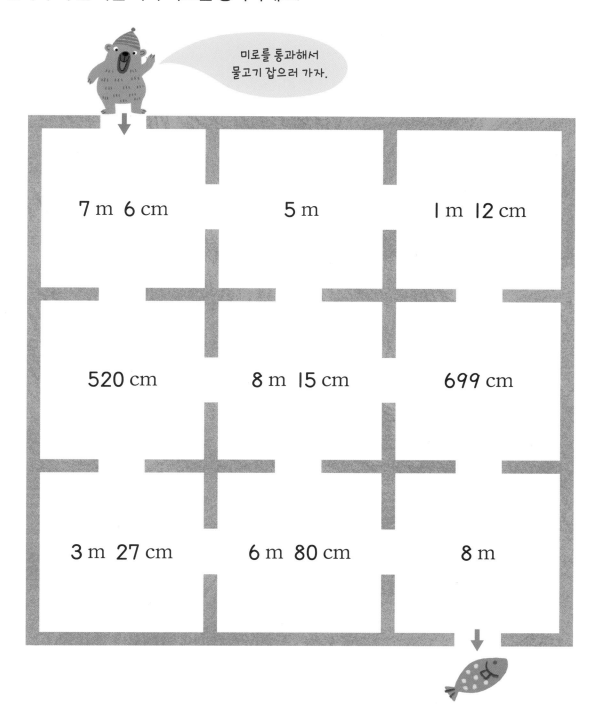

미로를 통과해서
물고기 잡으러 가자.

7 m 6 cm   5 m   1 m 12 cm

520 cm   8 m 15 cm   699 cm

3 m 27 cm   6 m 80 cm   8 m

18일 멀어요, 가까워요

🐦 친구들의 대화를 보고 지도에서 친구들의 집을 찾아보세요. 롤롤이의 집에 ○표, 앤의 집에 △표, 토비의 집에 □표 하세요.

우리집과 학교와의 거리는 **45 m**야. 제일 멀지.

롤롤

우리집은 **27 m 30 cm** 떨어져 있지.

앤

학교에서 우리집까지의 거리는 **34 m**야.

토비

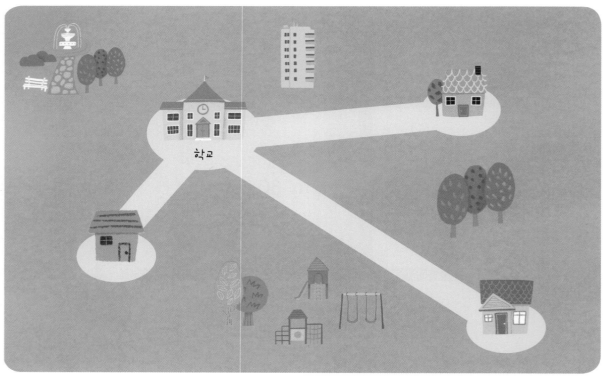

학교

44 예비 초등 수학_길이

놀이터에 간 롤롤이와 각 놀이기구 사이의 거리를 보고, 빈 곳에 알맞은 단어 또는 수를 넣으세요.

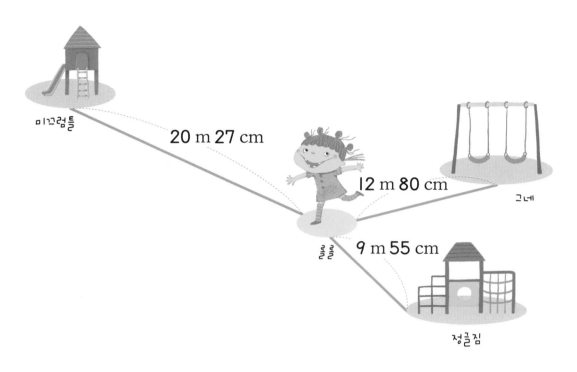

미끄럼틀

20 m 27 cm

12 m 80 cm

그네

롤롤

9 m 55 cm

정글짐

롤롤이와 가장 가까운 곳에 있는 놀이기구는 [ ] 입니다.

롤롤이와 가장 먼 곳에 있는 놀이기구는 [ ] 입니다.

롤롤이와 정글짐 사이의 거리는 [ ] cm입니다.

1 ☐ 안에 알맞은 수를 쓰세요.

100 cm = ☐ m   2 m 15 cm = ☐ cm

7 m = ☐ cm   926 cm = ☐ m ☐ cm

2 ◯ 안에 >, =, <를 알맞게 넣으세요.

7 m ◯ 784 cm   6 m 30 cm ◯ 63 cm

3 다음은 학교와 각 건물 사이의 거리를 나타낸 것입니다. 학교에서 가장 먼 건물에 ◯ 표, 가장 가까운 건물에 △표 하세요.

20 m　　　20 m 50 cm　　　12 m 63 cm　　　45 m 5 cm

4단원 단위와 어림

- 길이 어림하기

- 어림 선 긋기

- 알맞은 단위

- 문장 완성하기

19일 약 몇 cm

🐤 약 몇 cm일까요?

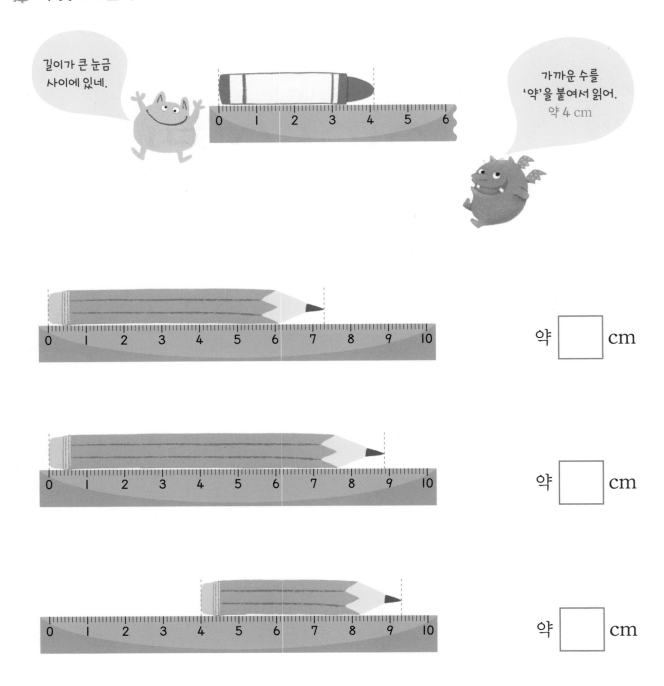

길이가 큰 눈금 사이에 있네.

가까운 수를 '약'을 붙여서 읽어.
약 4 cm

약 ☐ cm

약 ☐ cm

약 ☐ cm

🐦 자를 이용하여 길이를 재어 보세요.

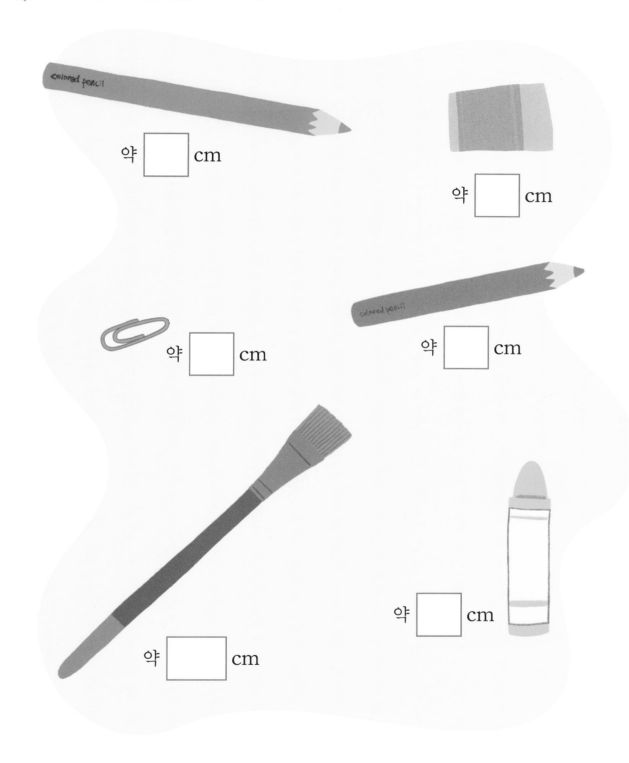

약 ☐ cm

약 ☐ cm

약 ☐ cm

약 ☐ cm

약 ☐ cm

약 ☐ cm

20일 색 테이프의 길이

🐦 색 테이프의 길이를 어림한 후 길이를 재어 어림한 것과 비교해 보세요.

2 cm정도인 줄 알았는데 3 cm네.

어림한 길이: 약 ⬜ 2 cm, 자로 잰 길이: ⬜ 3 cm

어림한 길이: 약 ⬜ cm, 자로 잰 길이: ⬜ cm

어림한 길이: 약 ⬜ cm, 자로 잰 길이: ⬜ cm

어림한 길이: 약 ⬜ cm

자로 잰 길이: ⬜ cm

어림한 길이: 약 ⬜ cm

자로 잰 길이: ⬜ cm

🐦 길이를 어림하여 요괴 친구들이 원하는 색을 칠하세요.

5 cm짜리 색 테이프 3개는 모두 노란색으로 칠하자.

길이가 9 cm인 색 테이프 2개는 모두 파란색으로 칠해.

2 cm짜리 색 테이프 3개는 모두 빨간색~

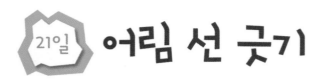

어림 선 긋기

고구재

🐤 친구들이 말하는 길이의 선을 ●부터 눈금 없는 자를 이용하여 어림하여 그어 보세요.

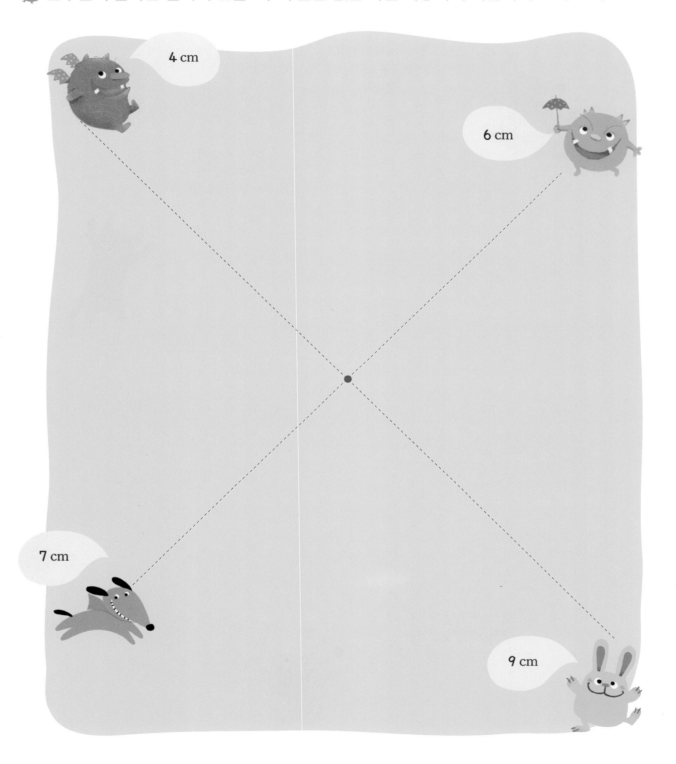

🐤 거리를 어림하여 두 점 사이의 거리가 5 cm인 두 점을 이어가며 여우가 과자집까지
가는 길을 그리세요.

과자집으로 출발~

m, cm

🐤 실제 길이를 cm로 나타내기에 알맞은 것에 모두 ○표, m로 나타내기에 알맞은 것에
모두 △표 하세요.

🐤 ☐ 안에 cm, m 중 알맞은 단위를 쓰세요.

지우개의 길이

8 cm

엄마의 키

163 ☐

나무의 높이

7 ☐

지우개의 길이가
8 m면 학교에
가져갈 수가 없겠다.

우산의 길이

20 ☐

교문의 높이

3 ☐

칠판의 길이는
3 cm일까?
3 m일까?

한 뼘의 길이

15 ☐

칠판의 긴 쪽 길이

3 ☐

책꽂이의 높이

2 ☐

실제 길이와 가까운 길이

🐦 실제 길이에 가까운 것을 찾아 선으로 이으세요.

크레파스의 길이

•

필통의 길이

•

공깃돌의 높이

•

바늘의 길이

•

가방의 높이

•

• 20 cm

• 6 cm

• 3 cm

• 1 cm

• 40 cm

지팡이의 길이

5 m

기차의 길이

10 m

기린의 키

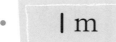

1 m

3층 건물의 높이

100 m

문장 완성

🐤 알맞은 길이를 골라 문장을 완성하세요.

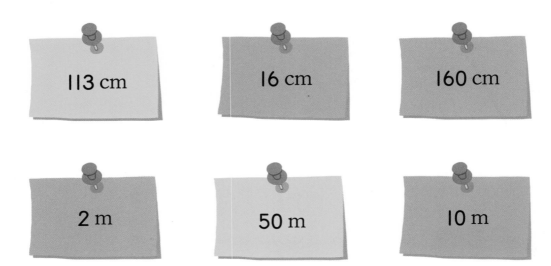

내가 제일 사랑하는 우리 엄마의 키는 [   ] 입니다.

내 필통 속에 있는 빨간색 색연필의 길이는 [   ] 입니다.

우리 집 방문의 높이는 [   ] 입니다.

7살인 내 키는 [   ] 입니다.

우리 동네에 다니는 버스의 길이는 [   ] 입니다.

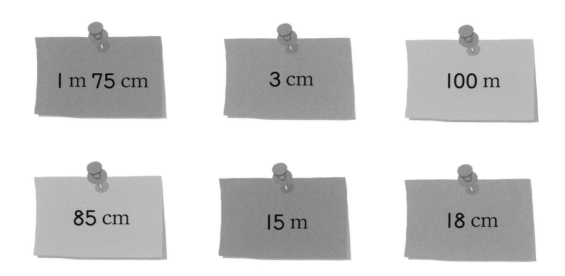

축구 경기장의 긴 쪽의 길이는 [   ] 입니다.

우리 아빠의 키는 [   ] 입니다.

내 책상 서랍 속에 있는 클립의 길이는 [   ] 입니다.

7살인 내 신발의 길이는 [   ] 입니다.

우리 오빠가 가진 야구 방망이의 길이는 [   ] 입니다.

확인학습

1 약 몇 cm일까요?

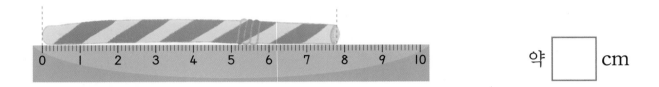

약 ☐ cm

2 길이를 재어 보세요.

약 ☐ cm   약 ☐ cm

3 주어진 길이를 어림하여 선을 그어 보세요.

5 cm ●······································

4 ☐ 안에 cm, m 중 알맞은 단위를 쓰세요.

냉장고의 높이   210 ☐   5세 동생의 키   1 ☐

5단원 길이의 합과 차

- 색 테이프 길이의 합, 차

- 1 m와 합, 차

- 식으로 구하는 합, 차

- 거리 문장제

색 테이프 길이의 합

🐤 색 테이프를 이어 붙였어요. ☐ 안에 알맞은 수를 쓰세요.

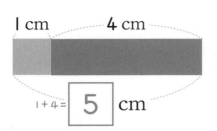

1+4= **5** cm

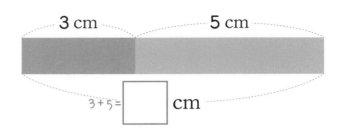

3+5= ☐ cm

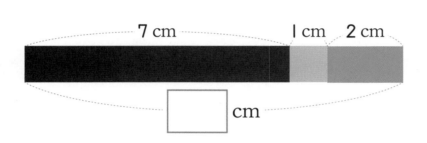

☐ cm

이어 붙인 색 테이프의 길이는 합으로 구할 수 있어.

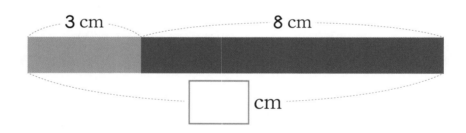

☐ cm

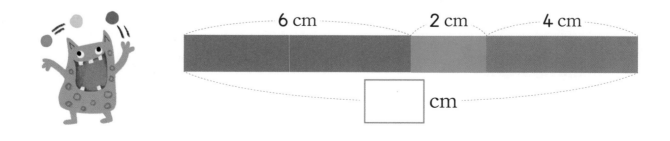

☐ cm

🐦 정해진 개수의 색 테이프 붙임 딱지를 이어 붙여 주어진 길이를 만드세요.

3장, 10 cm

2	3	5

4장, 10 cm

색 테이프 안의 수가
색 테이프의 길이야.

4장, 12 cm

3장, 15 cm

4장, 15 cm

색 테이프 길이의 차

🐤 ☐ 안에 알맞은 수를 쓰세요.

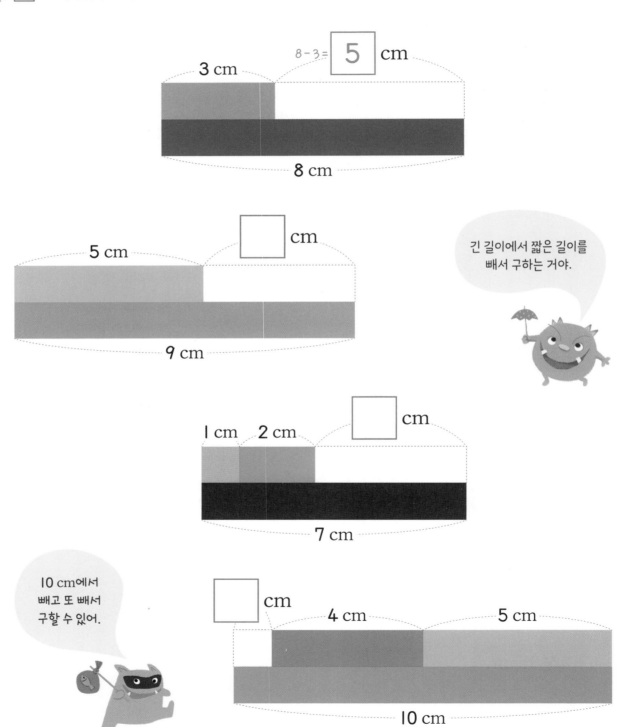

8 - 3 = **5** cm

3 cm

8 cm

☐ cm

5 cm

9 cm

긴 길이에서 짧은 길이를
빼서 구하는 거야.

☐ cm

1 cm 2 cm

7 cm

10 cm에서
빼고 또 빼서
구할 수 있어.

☐ cm   4 cm   5 cm

10 cm

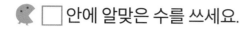 □ 안에 알맞은 수를 쓰세요.

| 4 | □ | 3 |

| 2 | 9 |

위, 아래에 있는 색 테이프의 길이의 합이 같아.

| 3 | 9 |

| 7 | □ | 2 |

| 10 | 4 |

| 8 | 1 | □ |

| 6 | 7 | □ |

| 10 | 5 |

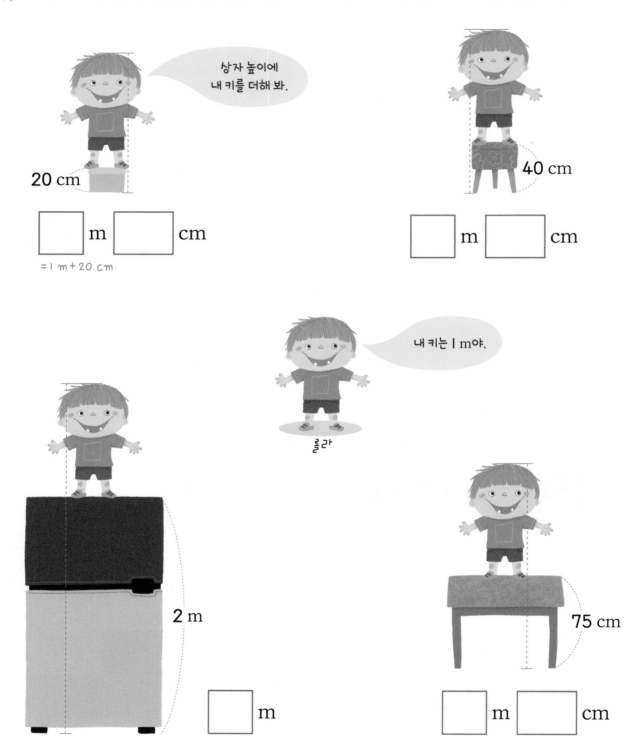

|m와 합, 차

🐤 키가 | m인 롤라가 높은 곳에 올라갔어요. 바닥부터 머리끝까지의 높이를 쓰세요.

상자 높이에
내 키를 더해 봐.

20 cm

☐ m ☐ cm

= | m + 20 cm

40 cm

☐ m ☐ cm

내 키는 | m야.

롤라

2 m

☐ m

75 cm

☐ m ☐ cm

🐤 키가 1 m인 롤라와의 키 차이를 구하세요.

내가
얼마나 더 클까?

20 cm

☐ cm

= 100 cm - 20 cm

40 cm

☐ cm

100 cm를 1 m로
생각하면 차를
구하기 쉬워.

400 cm

☐ m

2 m

☐ m

28일 식으로 구하는 합, 차 1

🐤 길이의 합을 구하세요.

	6	cm
+	7	cm

☐ cm
= 6 + 7

	12	cm
+	27	cm

☐ cm

	5	m
+	1	m

☐ m

cm끼리의 합, 차는 수의 계산 결과에 cm를 쓰면 되는 거야.

m끼리의 합, 차도 수의 계산 결과에 m를 그대로 써.

🐤 길이의 차를 구하세요.

	8	cm
−	3	cm

☐ cm
= 8 − 3

	50	cm
−	15	cm

☐ cm

	19	m
−	8	m

☐ m

🐦 길이의 합과 차를 구하세요.

```
      1  m   16  cm
  +   2  m    4  cm
  ┌─────┐  ┌─────┐
  │     │m │     │cm
  └─────┘  └─────┘
   =1+2      =16+4
```

```
      9  m   12  cm
  +   5  m   28  cm
  ┌─────┐  ┌─────┐
  │     │m │     │cm
  └─────┘  └─────┘
```

m는 m끼리,
cm는 cm끼리~

```
     11  m    7  cm
  +   4  m   21  cm
  ┌─────┐  ┌─────┐
  │     │m │     │cm
  └─────┘  └─────┘
```

```
      8  m   80  cm
  −   3  m   30  cm
  ┌─────┐  ┌─────┐
  │     │m │     │cm
  └─────┘  └─────┘
   =8−3      =80−30
```

```
     10  m   30  cm
  −   6  m   17  cm
  ┌─────┐  ┌─────┐
  │     │m │     │cm
  └─────┘  └─────┘
```

```
     21  m   49  cm
  −  10  m   34  cm
  ┌─────┐  ┌─────┐
  │     │m │     │cm
  └─────┘  └─────┘
```

식으로 구하는 합, 차 2

 받아올림이 있는 길이의 합을 구하세요.

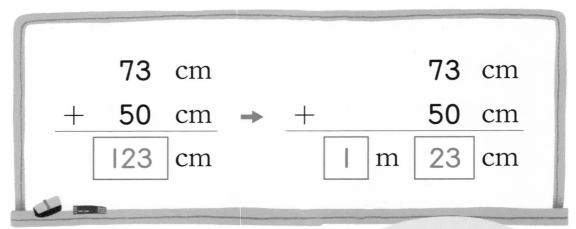

	73	cm
+	50	cm
	123	cm

➡

	73	cm
+	50	cm
	1 m	23 cm

cm끼리의 합이 100과
같거나 100보다 크면
m, cm로 나타낼 수 있지.

	68	cm
+	43	cm
	☐ m	☐ cm

	81	cm
+	67	cm
	☐ m	☐ cm

	2 m	50	cm
+		70	cm
	☐ m	☐	cm

① 50 cm + 70 cm = ★ m ● cm

② ★ m ● cm + 2 m

	5 m	39	cm
+	1 m	92	cm
	☐ m	☐	cm

① 39 cm + 92 cm = ★ m ● cm

② ★ m ● cm + 5 m + 1 m

🐦 받아내림이 있는 길이의 차를 구하세요.

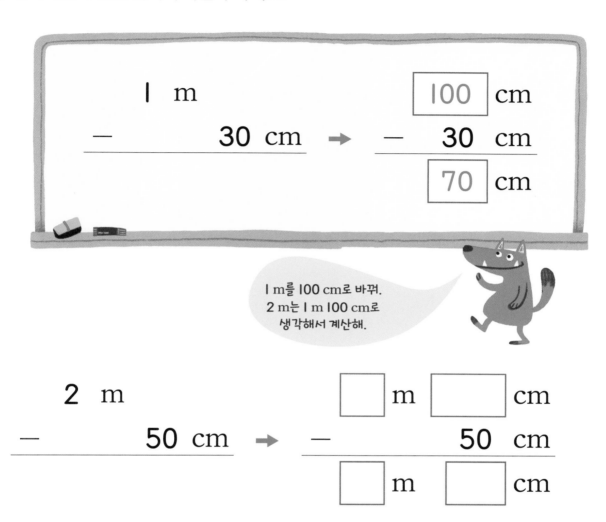

1 m   100 cm
−   30 cm ➡ −   30 cm
               70 cm

1 m를 100 cm로 바꿔.
2 m는 1 m 100 cm로
생각해서 계산해.

2 m   ☐ m ☐ cm
−   50 cm ➡ −   50 cm
               ☐ m ☐ cm

4 m   ☐ m ☐ cm
− 1 m 10 cm ➡ − 1 m 10 cm
               ☐ m ☐ cm

30일 거리 문장제

🐤 다음은 지오네 동네 지도입니다. 물음에 답하세요.

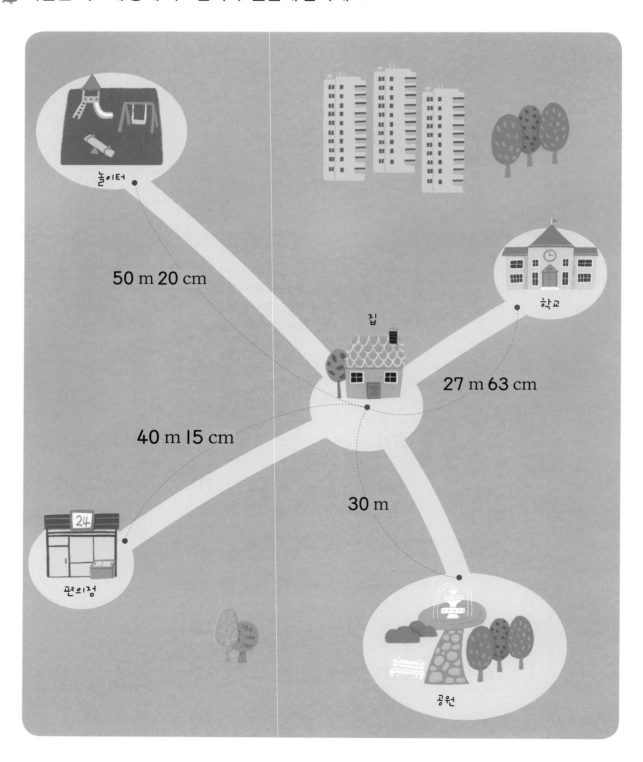

50 m 20 cm

27 m 63 cm

40 m 15 cm

30 m

지오가 학교에서 집에 왔다가 놀이터에 가는 거리를 구하세요.

☐ m ☐ cm

집에서 편의점까지의 거리는 집에서 공원까지의 거리보다 얼마나 더 멀까요?

☐ m ☐ cm

길이의 차를
이용해서 구해 봐.

어느 토요일에 지오는 집에서 간식을 사러 편의점에 갔다 왔습니다. 지오가 간식을 사러 다녀 온 거리를 구하세요.

☐ m ☐ cm

편의점까지 가는 거리를
2번 더해야지.

1 색 테이프 안의 수는 각 색 테이프의 길이입니다. ☐ 안에 알맞은 수를 쓰세요.

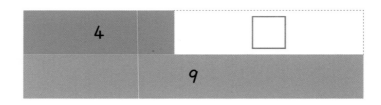

2 계산해 보세요.

$$\begin{array}{r} 1\ \text{m} \quad 21\ \text{cm} \\ +\ 5\ \text{m} \quad 34\ \text{cm} \\ \hline \boxed{}\ \text{m} \quad \boxed{}\ \text{cm} \end{array}$$

$$\begin{array}{r} 3\ \text{m} \quad \\ -\ 1\ \text{m} \quad 30\ \text{cm} \\ \hline \boxed{}\ \text{m} \quad \boxed{}\ \text{cm} \end{array}$$

3 편의점에서 문구점을 거쳐 학교까지 가는 거리는 얼마일까요?

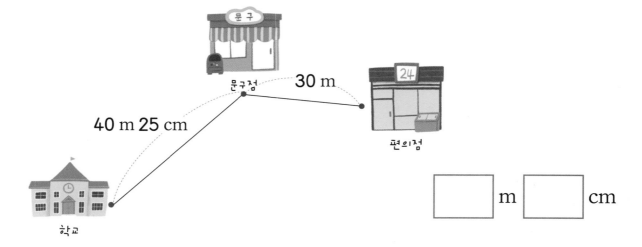

☐ m ☐ cm

예비초등생도 '시계와 달력' 재미있게 시작할 수 있다.

<시계와 달력>은 단순하게 시계를 보는 방법과 달력을 보는 방법만을 이야기하지 않습니다. 시간의 흐름이라는 큰 틀 안에서 요일, 날짜를 인지하면서 시각을 읽고, 날짜/요일, 연/월의 개념을 익혀갈 수 있도록 구성하였습니다.

수학 마스터의 선택! 매쓰픽

원리시계

만능달력

원리시계의 활동

- 몇 시, 몇 시 30분
- 몇 시, 몇 분
- 몇 시간 후
- 시간 차 대결

만능달력의 활동

- 날짜 맞히기
- 달력 스무 고개
- 지그재그 달력 만들기
- 미래의 시계

‘예비 초등 수학’

길이와 화폐

정답과 교구재

지식과 상상

길이

예비 초등

정답과교재

2 1 권

확인!

길이 – 길어요, 짧아요

01일

길이를 비교해 보아요

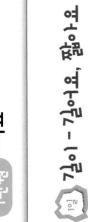

· 연필은 크레파스보다 더 길어요.
· 크레파스는 연필보다 더 짧아요.

길이를 비교할 때는 '길다', '짧다'로 나타내요.

🐱 수수깡보다 더 긴 것에 ○표 하세요.

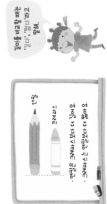

⬜ ⭕

⬜ ⭕

🐷 그림을 보고 빈 곳에 알맞은 말을 찾아 선으로 이으세요.

연필은 색연필보다 더 [·]

색연필은 연필보다 더 [·]

짧아요   길어요

🐱 가장 긴 것에 ○표, 가장 짧은 것에 △표 하세요.

2일 높이 - 높아요, 낮아요

🐤 높이를 비교해 보아요.

더 높아요

더 낮아요

높이를 비교할 때는 '높다', '낮다'라고 말해.

🐤 더 높은 쪽에 ○표 하세요.

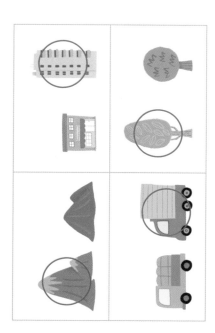

🐤 철봉이 가장 낮은 쪽에 ○표 하세요.

🐤 그림을 보고 물음에 답하세요.

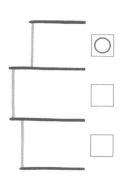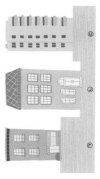

㉠ ㉡ ㉢

가장 높은 곳에 있는 건물부터 차례로 기호를 쓰세요.

| ㉢ | , | ㉡ | , | ㉠ |

가장 높은 건물부터 차례로 기호를 쓰세요.

| ㉢ | , | ㉡ | , | ㉠ |

3일 키 - 커요, 작아요

◆ 키를 비교해 보아요.

◆ 키가 더 큰 쪽에 ○표 하세요.

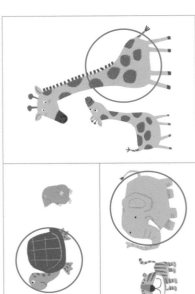

◆ 키가 가장 큰 식물에 ○표, 가장 작은 식물에 △표 하세요.

◆ 키가 가장 큰 친구와 키가 가장 작은 친구는 누구일까요?

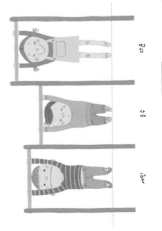

세인   승우   다온

가장 큰 친구: 다온 , 가장 작은 친구: 승우

거리ー 멀어요, 가까워요

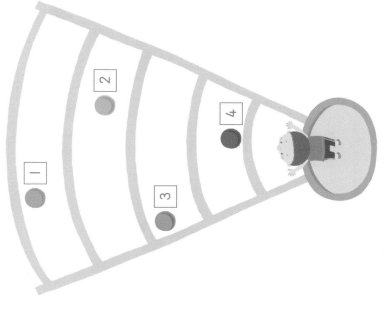

🎾 친구가 공을 던져요. 가장 멀리 던진 공부터 차례로 1, 2, 3, 4를 쓰세요.

4일

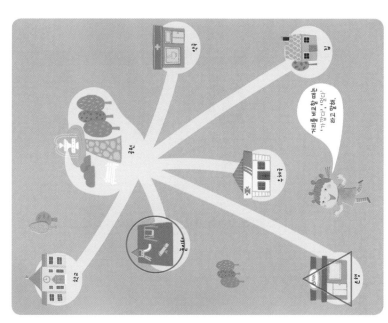

🎾 어느 마을의 지도예요. 공원에서 가장 가까운 곳에 ○표, 가장 먼 곳에 △표 하세요.

길고 짧음을 비교해요

모눈의 칸의 수를 세어 가장 긴 것부터 가장 짧은 것까지 차례로 선을 이으세요.

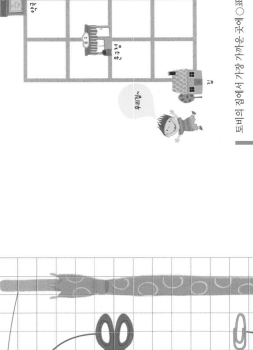

토비가 살고 있는 마을 그림을 보고 물음에 답하세요.

토비의 집에서 가장 가까운 곳에 ○표 하세요.

토비의 집에서 가장 먼 곳에 ○표 하세요.

모양과 길이 비교해요

길이가 가장 짧은 리본부터 차례로 1, 2, 3을 쓰세요.

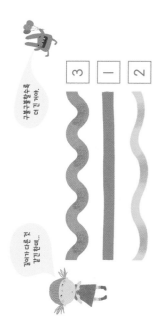

구불구불할수록 더 길 거야.

길이가 다른 것 같은데...

3

1

2

휴대전화 충전기예요. 길이가 가장 짧은 것에 ○표, 가장 긴 것에 △표 하세요.

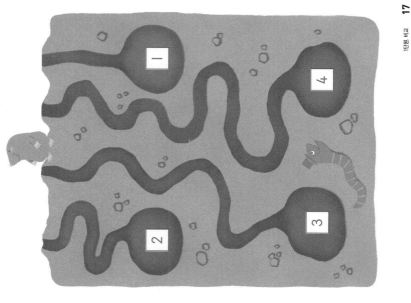

두더지가 집에 가요. 가장 가까운 집부터 차례로 1, 2, 3, 4를 쓰세요.

확인학습

1 더 긴 것에 ○표, 더 짧은 것은 △표 하세요.

○ △

2 더 높은 곳에 있는 친구와 키가 더 작은 친구를 쓰세요.

더 높은 곳에 있는 친구: 준하 , 키가 더 작은 친구: 준하

3 가장 긴 것부터 차례로 기호를 쓰세요.

ⓒ , ⓛ , ⊙

길이 재기와 cm(센티미터)

7일 단위로 길이 재기

단위로 길이를 재는 방법을 알아보아요.

단위는 여러 가지가 있지.

단위로 길이를 잴까?

단위는 여러 길이를 재는 데 기준이 되는 길이를 말하는 거야.

클립을 단위로 하여 연필과 붓의 길이를 쟀어요. ☐ 안에 알맞은 수를 쓰세요.

클립으로 5 번

클립으로 7 번

여러 가지 단위로 칠판의 긴 쪽 길이를 쟀어요. ☐ 안에 알맞은 수를 쓰세요.

엄마가 아빠를 도와 책을 벽에 붙였는데 너무 무겁네.

우산으로 2 번

리코더로 5 번

숟가락으로 7 번

크레파스로 10 번

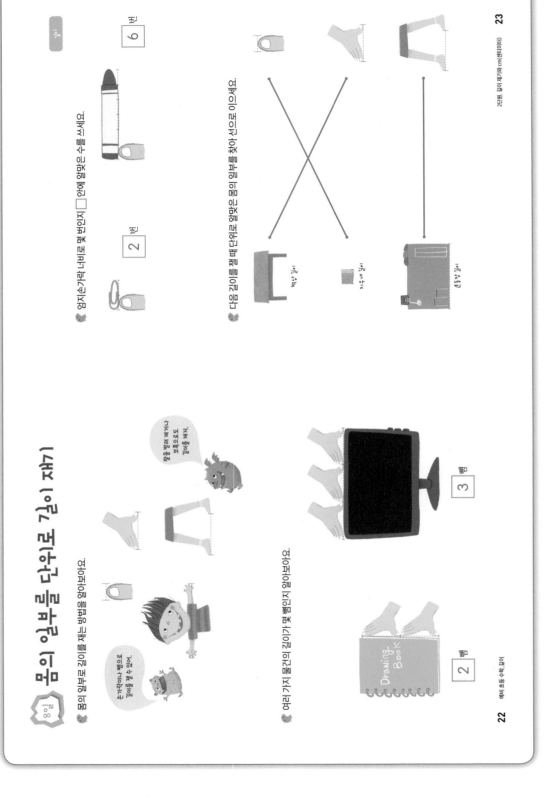

몸의 일부를 단위로 길이 재기

생각

몸의 일부로 길이를 재는 방법을 알아보아요.

손가락이나 뼘으로 길이를 잴 수 있어.

팔을 벌리거나 재거나 보폭으로도 길이를 재지.

여러 가지 물건의 길이가 몇 뼘인지 알아보아요.

3 뼘

2 뼘

엄지손가락 너비로 몇 번인지 ☐ 안에 알맞은 수를 쓰세요.

6 번

2 번

다음 길이를 잴 때 단위로 알맞은 몸의 일부를 찾아 선으로 이으세요.

9일 1 cm(센티미터)

cm를 알아보아요.

자에서 이 한 칸의 길이를 1 cm라고 해.

1 cm

1 센티미터라고 읽어.

주어진 길이를 쓰세요.

cm 쓰는 순서 → ①→②→③

1 cm 번 1

1 cm 번 2

1 cm 번 3

센티미터라고 읽으면서 쓰자.

---

1 cm 정도 되는 물건에 모두 ○표 하세요.

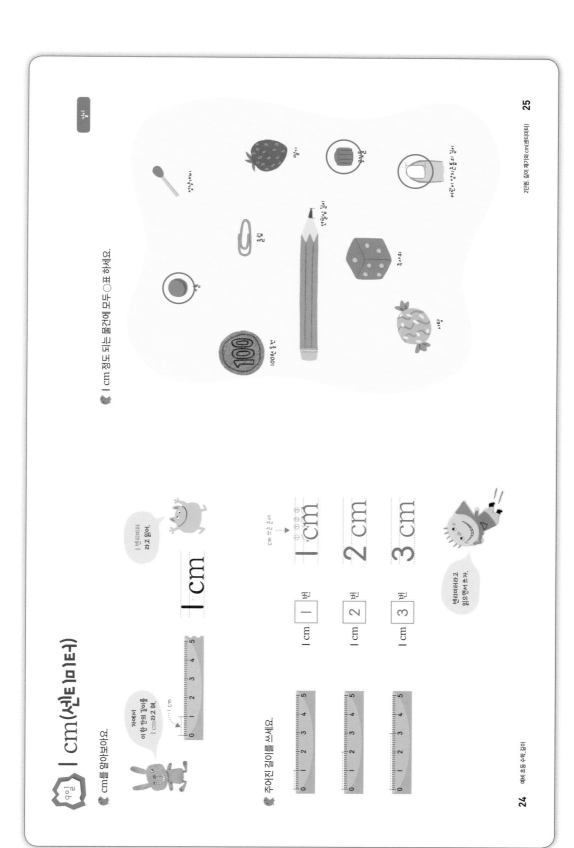

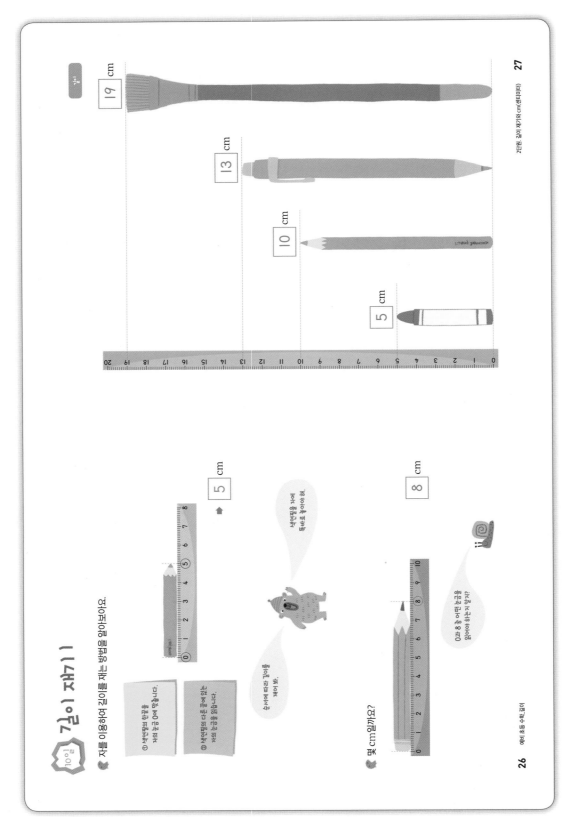

2단원: 길이 재기와 cm(센티미터)

길이 재기 1

자를 이용하여 길이를 재는 방법을 알아보아요.

① 색연필의 한끝을 눈금 0에 맞춥니다.

② 색연필의 다른 끝에 있는 눈금을 읽습니다.

순서에 따라 길이를 재어 봐.

자에 연필을 대어 보니 눈금 5에 있어!

5 cm

몇 cm일까요?

0과 8 중 어떤 눈금을 읽어야 하는지 알지?

8 cm

26 예비 초등 수학_길이

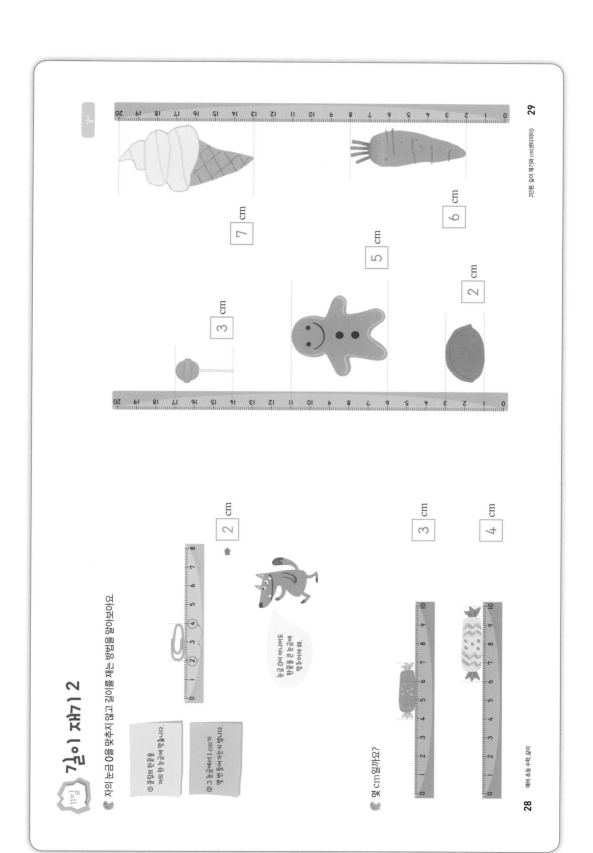

길이 재기 2

자의 눈금 0을 맞추지 않고 길이를 재는 방법을 알아보아요.

① 클립의 한끝을 자의 한 눈금에 맞춥니다.

② 그 눈금에서 1 cm가 몇 번 들어가는지 셉니다.

2 cm

몇 cm일까요?

3 cm

4 cm

3 cm

5 cm

2 cm

7 cm

6 cm

12일 몇 cm

자를 이용하여 물건의 길이를 재어 보세요.

7 cm

2 cm

10 cm

5 cm

5 cm

6 cm

길이 재기가 잘못된 이유를 이야기를 한 요괴 친구와 선으로 이으세요.

2부터 7까지 1 cm가 5번 있어. 5 cm야.

7 cm

4 cm

새연필을 바르게 재어 4 cm라고 하면 안 돼.

새연필의 끝이 눈금 0에서 시작하지 않아. 4 cm가 아니야.

4 cm

확인학습

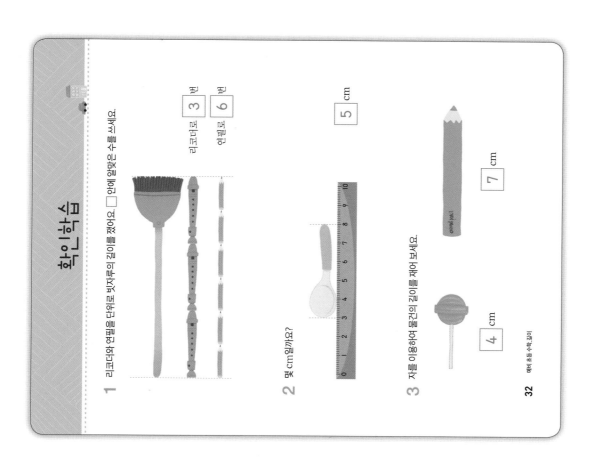

1 리코더와 연필을 단위로 빗자루의 길이를 쟀어요. □ 안에 알맞은 수를 쓰세요.

리코더로 [3] 번

연필로 [6] 번

2 몇 cm일까요?

[5] cm

3 자를 이용하여 물건의 길이를 재어 보세요.

[4] cm

[7] cm

정답

3단원 m(미터)

13일 m(미터)

cm보다 큰 단위를 알아보아요.

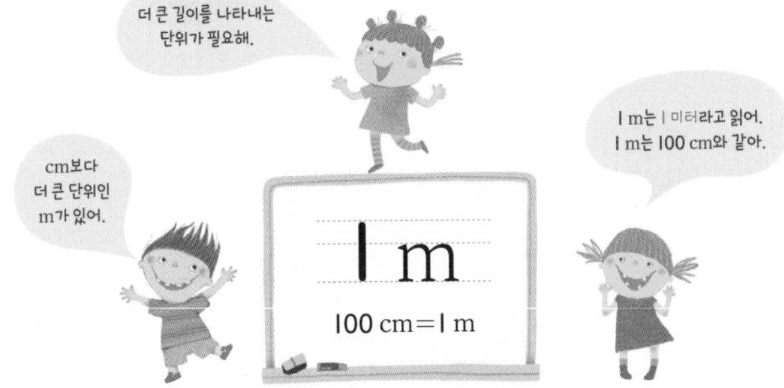

더 큰 길이를 나타내는 단위가 필요해.
cm보다 더 큰 단위인 m가 있어.
l m
100 cm=1 m
1 m는 1 미터라고 읽어. 1 m는 100 cm와 같아.

m를 바르게 써 보아요.

1 m　1 m　1 m　1 m

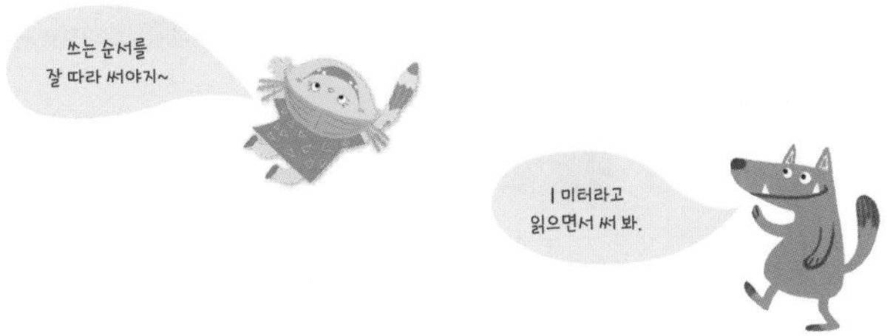

쓰는 순서를 잘 따라 써야지~
1 미터라고 읽으면서 써 봐.

길이

100 cm는 1 m입니다. □ 안에 알맞은 수를 쓰세요.

200 cm= 2 m　　500 cm= 5 m

700 cm= 7 m　　800 cm= 8 m

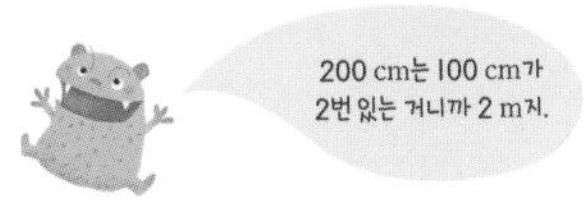

200 cm는 100 cm가 2번 있는 거니까 2 m지.

길이가 같은 것끼리 선으로 이으세요.

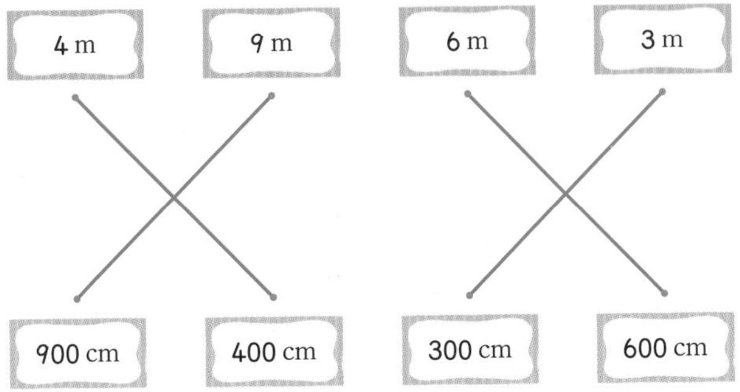

4 m
9 m
6 m
3 m
900 cm
400 cm
300 cm
600 cm

□ m □ cm를 읽어 보아요.

m, cm를 같이 쓸 수 있어.

$\boxed{}$ m $\boxed{}$ cm

2 m 50 cm

2 미터 50 센티미터 라고 읽어.

1 m 12 cm

$\boxed{1}$ 미터 $\boxed{12}$ 센티미터

4 m 5 cm

$\boxed{4}$ 미터 $\boxed{5}$ 센티미터

6 m 27 cm

$\boxed{6}$ 미터 $\boxed{27}$ 센티미터

5 m 80 cm

$\boxed{5}$ 미터 $\boxed{80}$ 센티미터

큰 단위부터 차례로 읽는 거야.

□ 안에 알맞은 수를 쓰세요.

2 m를 200 cm로 생각하면 2 m 15 cm가 몇 cm인거 알 수 있지.

2 m 15 cm = 215 cm
200 cm

120 cm = 1 m 20 cm
m cm

120 cm에서 뒤의 두 자리수는 cm, 앞은 m야.

5 m 30 cm = $\boxed{530}$ cm
=500+30

811 cm = $\boxed{8}$ m $\boxed{11}$ cm
m cm

2 m 15 cm = $\boxed{215}$ cm

460 cm = $\boxed{4}$ m $\boxed{60}$ cm

3 m 9 cm = $\boxed{309}$ cm

15일 길이를 재요

🦁 줄자와 자는 어떻게 다른지 알아보아요.

둘 다 길이를 재는데....
줄자는 언제 쓰는거지?

긴 길이를 재는 데는
줄자를 쓰는게 편해.

🦁 책상의 가로 길이를 줄자로 재었어요.

어쭈 0을 맞추고~

다른 쪽에 있는
눈금을 읽는 거야.

책상의 긴 쪽 길이: 118 cm = 1 m 18 cm

🦁 집에 있는 물건의 실제 길이를 자로 재어 보세요.

예) 침대의 긴 쪽 길이: 205 cm = 2 m 5 cm

예) 냉장고의 높이: 170 cm = 1 m 70 cm

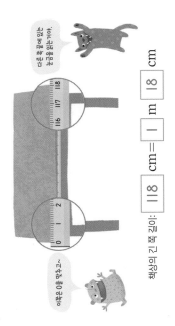

한쪽 끝을 눈금 0에
잘 맞추어 봐.

예) 방문의 높이: 210 cm = 2 m 10 cm

여러 가지 답이 있습니다.

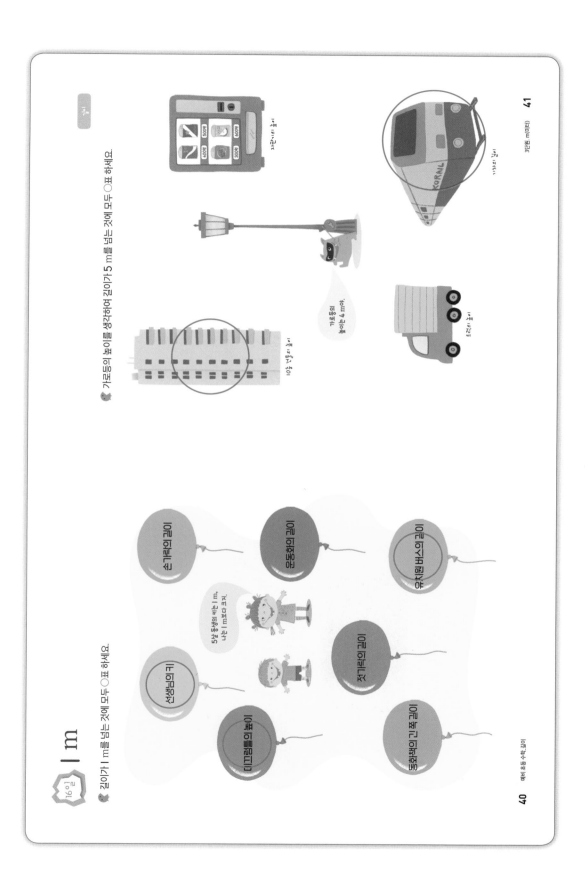

16일 1 m

길이가 1 m를 넘는 것에 모두 ○표 하세요.

손가락의 길이 · 운동화의 길이 · 유치원 버스의 길이 · 선생님의 키 · 젓가락의 길이 · 미끄럼틀의 높이 · 동화책의 긴 쪽 길이

5살 동생의 키는 1 m, 나는 1 m보다 크지.

가로등의 높이를 생각하여 길이가 5 m를 넘는 것에 모두 ○표 하세요.

자판기의 높이 · 기차의 길이 · 트럭의 길이 · 아파트의 높이

가로등의 높이는 4 m야.

3단원 m(미터) 41

40 예비 초등 수학_길이

예비 초등 수학_길이 19 정답

길이 비교

○ 안에 >, =, <를 알맞게 넣으세요.

m가 같으면 cm를 비교하는 거야.

길이를 비교할 때 m가 많수록 긴 거야.

6 m 27 cm < 9 m 11 cm
5 m 15 cm > 5 m 2 cm

7 m 9 cm < 10 m 38 cm

2 m 99 cm > 1 m 99 cm

6 m 6 cm < 6 m 60 cm

4 m 51 cm > 4 m 15 cm

길이가 더 긴 쪽을 따라 미로를 통과하세요.

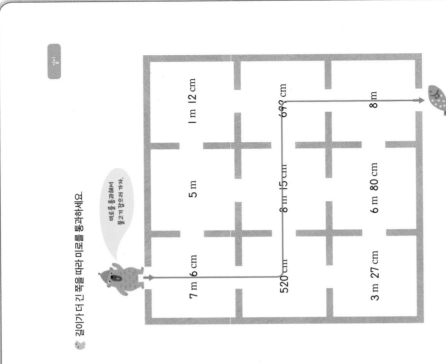

미로를 통과해서 물고기 잡으러 가자.

7 m 6 cm   5 m   1 m 12 cm
520 cm   8 m 15 cm   699 cm
3 m 27 cm   6 m 80 cm   8 m

멀어요, 가까워요

18일

친구들의 대화를 보고 지도에서 친구들의 집을 찾아보세요. 룰룰이의 집에 ○표, 토비의 집에 △표, 엔의 집에 □표 하세요.

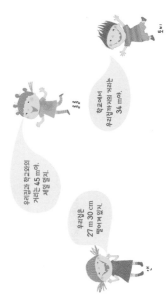

우리집과 학교와의 거리는 45 m야. 제일 멀지.
엔

학교에서 우리집까지의 거리는 34 m야.
토비

우리집은 27 m 30 cm 떨어져 있지.
룰룰

놀이터에 간 룰룰이와 각 놀이기구 사이의 거리를 보고, 빈 곳에 알맞은 단어 또는 수를 넣으세요.

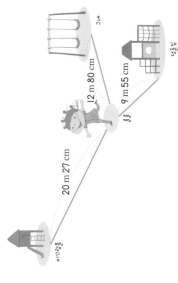

20 m 27 cm

12 m 80 cm

9 m 55 cm

룰룰이와 가장 가까운 곳에 있는 놀이기구는 정글짐 입니다.

룰룰이와 가장 먼 곳에 있는 놀이기구는 미끄럼틀 입니다.

룰룰이와 정글짐 사이의 거리는 955 cm입니다.

확인학습

1 □ 안에 알맞은 수를 쓰세요.

100 cm = 1 m

2 m 15 cm = 215 cm

7 m = 700 cm

926 cm = 9 m 26 cm

2 ○ 안에 >, =, <를 알맞게 넣으세요.

7 m < 784 cm

6 m 30 cm > 63 cm

3 다음은 학교와 각 건물 사이의 거리를 나타낸 것입니다. 학교에서 가장 먼 건물에 ○ 표, 가장 가까운 건물에 △ 표 하세요.

20 m   20 m 50 cm   12 m 63 cm   45 m 5 cm

생각하기

약 몇 cm

약 몇 cm일까요?

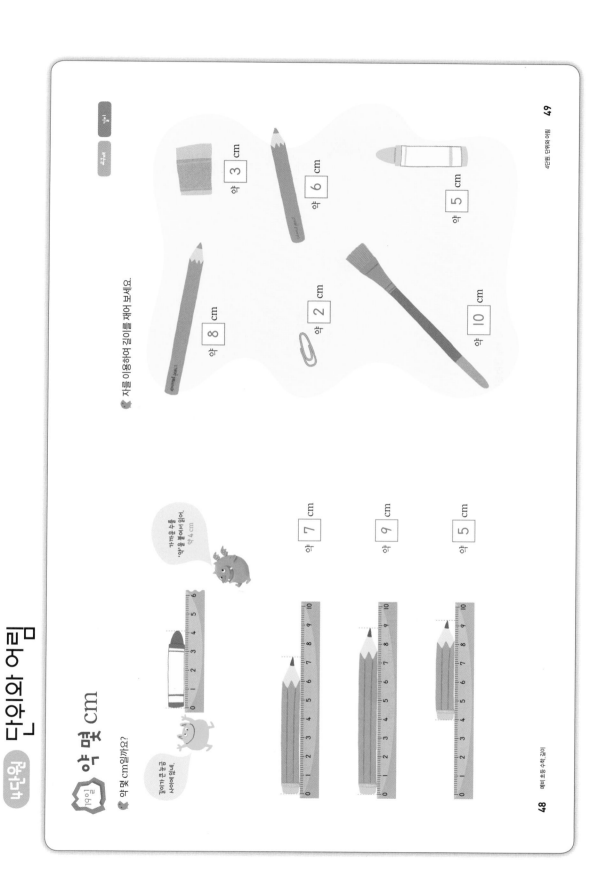

길이가 눈금 사이에 있네.

가까운 수를 '약'을 붙여서 읽어. 약 4 cm

약 7 cm

약 9 cm

약 5 cm

자를 이용하여 길이를 재어 보세요.

자로 재기　　어림

약 3 cm

약 6 cm

약 5 cm

약 8 cm

약 2 cm

약 10 cm

색 테이프의 길이

🍂 색 테이프의 길이를 어림한 후 길이를 재어 어림한 것과 비교해 보세요.

2 cm쯤인 줄 알았는데 3 cm네.

어림한 길이: 약 [2] cm, 자로 잰 길이: [3] cm

어림한 길이: 약 [ ] cm, 자로 잰 길이: [1] cm

어림한 길이: 약 [ ] cm, 자로 잰 길이: [4] cm

어림한 길이: 약 [ ] cm
자로 잰 길이: [9] cm

어림한 길이: 약 [ ] cm
자로 잰 길이: [5] cm

어림한 길이와 자로 잰 길이가 달라도,
자로 잰 길이가 맞으면 정답입니다.

🐓 길이를 어림하여 요리 친구들이 원하는 색을 칠하세요.

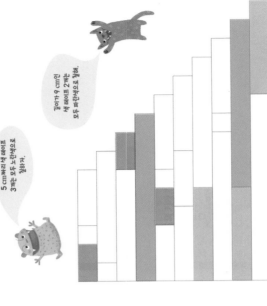

5 cm짜리 색 테이프 3개는 노란색으로 칠하자.

길이가 9 cm인 색 테이프 2개는 모두 파란색으로 칠해.

2 cm짜리 색 테이프 3개는 모두 빨간색~

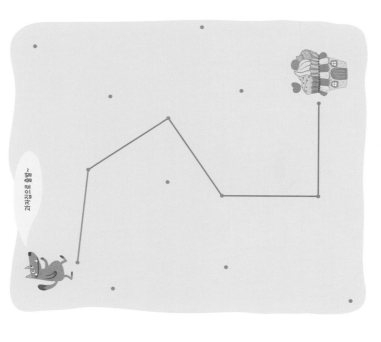

21일
어림 선 굿기

🐾 친구들이 말하는 길이의 선을 •부터 눈금 없는 자를 이용하여 어림하여 그어 보세요.

6 cm

9 cm

4 cm

7 cm

선의 길이를 어림하여 약 ★ cm로 읽었을 때
친구들이 말한 길이(★ cm)와 같으면 정답입니다.

52 예비 초등 수학_길이

22쪽

🐾 거리를 어림하여 두 점 사이의 거리가 5 cm인 두 점을 이어가며 여우가 과자집까지 가는 길을 그리세요.

과자집으로 출발~

4단원. 단위와 어림 53

예비 초등 수학_길이 25 정답

생각

22일 m, cm

실제 길이를 cm로 나타내기에 알맞은 것에 모두 ○표, m로 나타내기에 알맞은 것에
모두 △표 하세요.

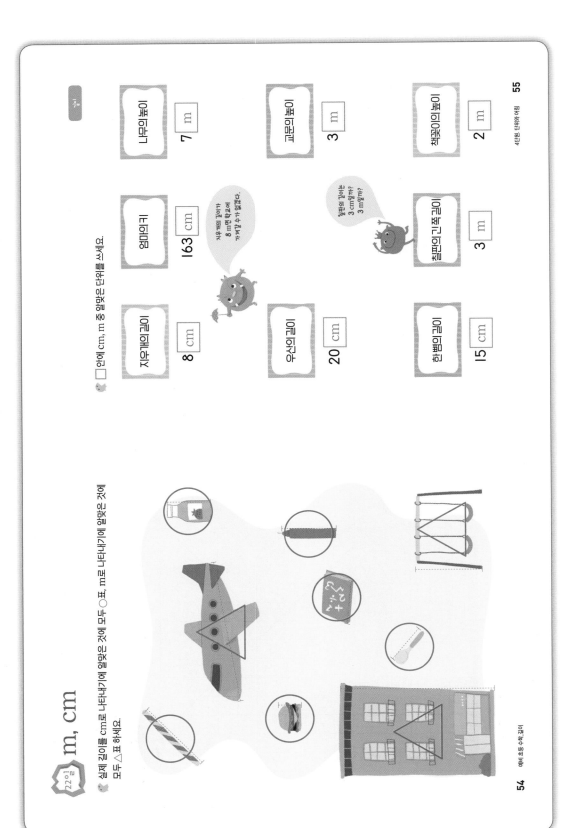

□ 안에 cm, m 중 알맞은 단위를 쓰세요.

나무의 높이
7 m

엄마의 키
163 cm

지우개의 길이
8 cm

교문의 높이
3 m

칠판의 긴쪽 길이
3 m

우산의 길이
20 cm

책꽂이의 높이
2 m

한 뼘의 길이
15 cm

지우개의 길이가
8 m면 한 교실에
가게갈 수가 없겠다.

칠판의 길이는
3 cm일까?
3 m일까?

실제 길이와 가까운 길이

23일

실제 길이에 가까운 것을 찾아 선으로 이으세요.

20 cm

6 cm

3 cm

1 cm

40 cm

크레파스의 길이

필통의 길이

지우개의 길이

바늘의 길이

가방의 길이

5 m

10 m

1 m

100 m

지팡이의 길이

자동차의 길이

기린의 높이

건물의 높이

정답

문장 완성

24일

알맞은 길이를 골라 문장을 완성하세요.

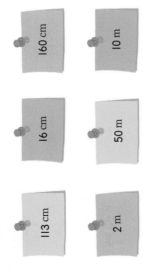

| 113 cm | 16 cm | 160 cm |
| 2 m | 50 m | 10 m |

내가 제일 사랑하는 우리 엄마의 키는 **160 cm** 입니다.

내 필통 속에 있는 빨간색 색연필의 길이는 **16 cm** 입니다.

우리 집 방문의 높이는 **2 m** 입니다.

7살인 내 키는 **113 cm** 입니다.

우리 동네에 다니는 버스의 길이는 **10 m** 입니다.

| 1 m 75 cm | 3 cm | 100 m |
| 85 cm | 15 m | 18 cm |

축구 경기장의 긴 쪽의 길이는 **100 m** 입니다.

우리 아빠의 키는 **1 m 75 cm** 입니다.

내 책상 서랍 속에 있는 클립의 길이는 **3 cm** 입니다.

7살인 내 신발의 길이는 **18 cm** 입니다.

우리 오빠가 가진 야구 방망이의 길이는 **85 cm** 입니다.

확인하기

1 약 몇 cm일까요?

약 **8** cm

2 길이를 재어 보세요.

약 **5** cm

약 **4** cm

3 주어진 길이를 어림하여 선을 그어 보세요.

5 cm

4 ☐ 안에 cm, m 중 알맞은 단위를 쓰세요.

냉장고의 높이 210 **cm**

5세 동생의 키 1 **m**

정답

5단원 길이의 합과 차

25일 차 색 테이프 길이의 합

색 테이프를 이어 붙였어요. □ 안에 알맞은 수를 쓰세요.

1 cm 4 cm
1+4= **5** cm

3 cm 5 cm
3+5= **8** cm

이어 붙인 세 테이프의 길이는 합으로 구할 수 있어.

7 cm 1 cm 2 cm
10 cm

3 cm 8 cm
11 cm

6 cm 2 cm 4 cm
12 cm

정해진 개수의 색 테이프 붙임 딱지를 이어 붙여 주어진 길이를 만드세요.

3장, 10 cm
| 2 | 3 | 5 |

4장, 10 cm
예 | 1 | 2 | 3 | 4 |

색 테이프 안의 수가 색 테이프의 길이예요.

4장, 12 cm
예 | 1 | 2 | 3 | 6 |

3장, 15 cm
예 | 2 | 3 | 10 |

4장, 15 cm
예 | 1 | 2 | 3 | 9 |

여러 가지 답이 있습니다.

예비 초등 수학_길이 **30** 정답

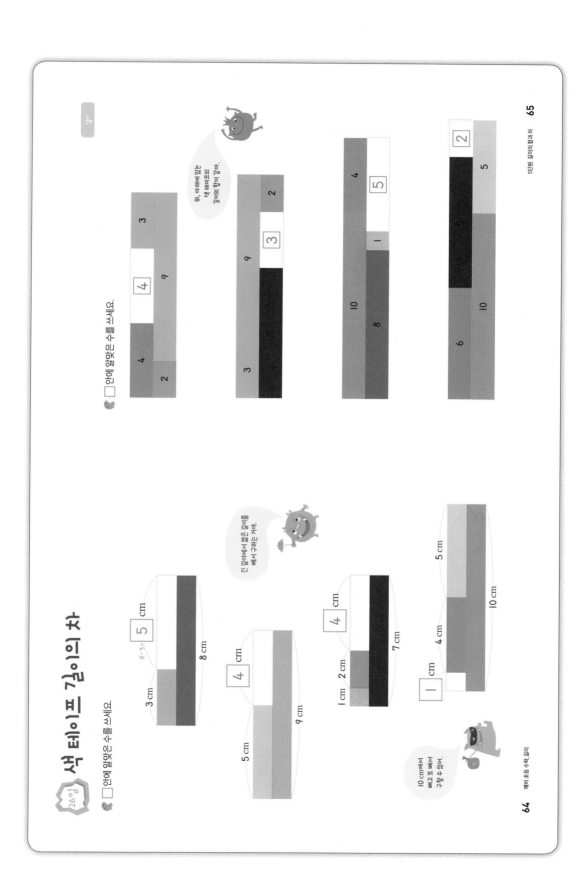

26일 **색 테이프 길이의 차**

□ 안에 알맞은 수를 쓰세요.

□ 안에 알맞은 수를 쓰세요.

위, 아래에 있는 색 테이프의 길이의 합과 같아.

긴 길이에서 짧은 길이를 빼서 구하는 거야.

10 cm에서 빼고 또 빼서 구할 수 있어.

5단원 길이의 합과 차 **65**

64 예비 초등 수학, 길이

예비 초등 수학, 길이 **31** 정답

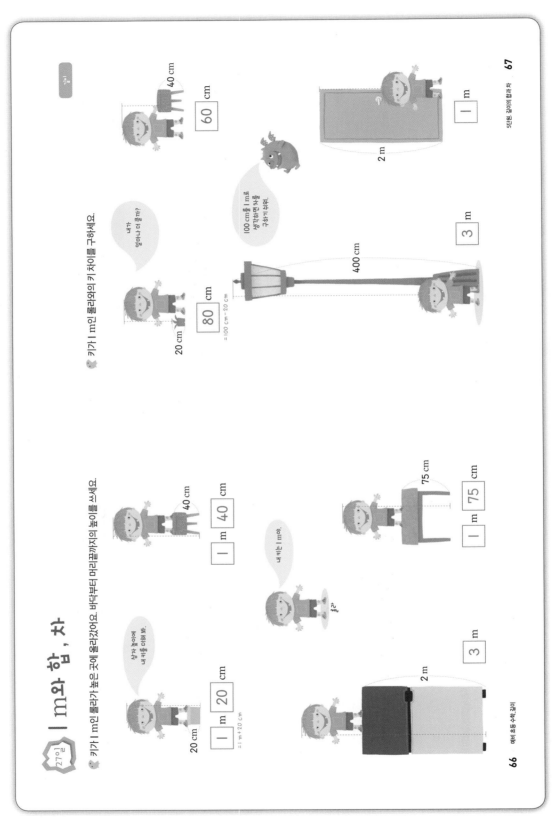

27일 차

1 m와 합, 차

키가 1 m인 불라가 높은 곳에 올라갔어요. 바닥부터 머리끝까지의 높이를 쓰세요.

상자 높이에 내 키를 더해 봐.

1 m 20 cm
20 cm
= 1 m + 20 cm

나는 1 m야.

1 m 40 cm
40 cm

1 m 75 cm
75 cm

3 m
2 m

키가 1 m인 불라와의 키 차이를 구하세요.

내가 얼마나 더 클까?

80 cm
20 cm
= 100 cm - 20 cm

100 cm를 1 m로 생각하면 1 m로 구하기 쉬워.

400 cm
3 m

60 cm
40 cm

1 m
2 m

28회 식으로 구하는 합, 차 1

길이의 합을 구하세요.

	6 cm		12 cm		5 m
+	7 cm	+	27 cm	+	1 m
	13 cm		39 cm		6 m
	=6+7				

길이의 차를 구하세요.

	8 cm		50 cm		19 m
−	3 cm	−	15 cm	−	8 m
	5 cm		35 cm		11 m
	=8-3				

길이의 합과 차를 구하세요.

	1 m	16 cm		9 m	12 cm
+	2 m	4 cm	+	5 m	28 cm
	3 m	20 cm		14 m	40 cm
	=1+2	=16+4			

	11 m	7 cm		8 m	80 cm
+	4 m	21 cm	−	3 m	30 cm
	15 m	28 cm		5 m	50 cm
				=8-3	=80-30

	10 m	30 cm		21 m	49 cm
−	6 m	17 cm	−	10 m	34 cm
	4 m	13 cm		11 m	15 cm

29일 식으로 구하는 합, 차 2

🐦 받아올림이 있는 길이의 합을 구하세요.

```
    73  cm          73  cm
+   50  cm   →  +   50  cm
   123  cm        1 m 23 cm
```

```
    68  cm
+   43  cm
  1 m 11  cm
```

```
    81  cm
+   67  cm
  1 m 48  cm
```

```
  2 m 50  cm
+    70  cm
  3 m 20  cm
```

```
  5 m 39  cm
+ 1 m 92  cm
  7 m 31  cm
```

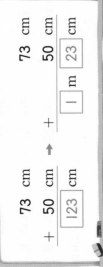

cm끼리의 합이 100과 같거나 100보다 크면 m, cm로 나타낼 수 있지.

① 50 cm + 70 cm = ★ m ● cm
② ★ m ● cm + 2 m

🐦 받아내림이 있는 길이의 차를 구하세요.

```
  1 m         100  cm
- 30  cm   →  - 30  cm
                70  cm
```

1 m를 100 cm로 바꿔.
2 m는 1 m 100 cm로 생각해서 계산해.

```
  2 m        1 m 100  cm
-    50 cm → -     50 cm
             1 m  50  cm
```

```
  4 m        3 m 100  cm
- 1 m 10 cm → - 1 m 10 cm
              2 m  90  cm
```

① 39 cm + 92 cm = ★ m ● cm
② ★ m ● cm + 5 m + 1 m

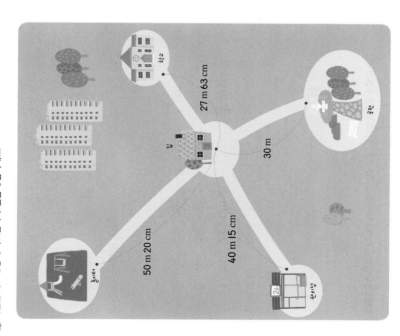

거리 문장제

다음은 지오네 동네 지도입니다. 물음에 답하세요.

27 m 63 cm

50 m 20 cm

40 m 15 cm

30 m

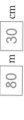

지오가 학교에서 집에 왔다가 놀이터에 가는 거리를 구하세요.

[77] m [83] cm

집에서 편의점까지의 거리는 집에서 공원까지의 거리보다 얼마나 더 멀까요?

값의 뺄셈을
이용해서 구해 봐.

[10] m [15] cm

어느 토요일에 지오는 집에서 간식을 사러 편의점에 갔다 왔습니다. 지오가 간식을 사러 다녀 온 거리를 구하세요.

편의점까지 가는 거리를
2번 더해야해지.

[80] m [30] cm

확인학습

1 색 테이프 안의 수는 각 색 테이프의 길이입니다. ☐ 안에 알맞은 수를 쓰세요.

4	9

☐ **5**

2 계산해 보세요.

```
    1 m  21 cm
+   5 m  34 cm
─────────────
    6 m  55 cm
```

```
    3 m       cm
−   1 m  30 cm
─────────────
    1 m  70 cm
```

3 편의점에서 문구점을 거쳐 학교까지 가는 거리는 얼마일까요?

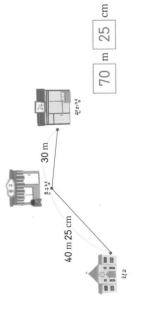

30 m

40 m 25 cm

☐ **70** m ☐ **25** cm

길이 교구재 ···

[30쪽, 49쪽, 50쪽]

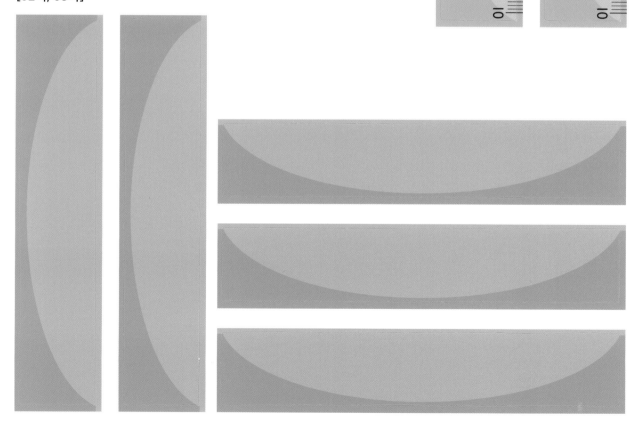

[52쪽, 53쪽]

길이 붙임 딱지 ··

[63쪽]

| 1 | 1 | 1 | 1 | 1 | 1 | 1 | 1 | 1 |

| 2 | 2 | 2 | 2 | 2 | 2 |

| 3 | 3 | 3 | 3 |

| 4 | 4 | 4 |

| 4 | 4 | 4 |

| 5 | 5 |

| 5 | 5 |

| 6 | 6 |

| 6 | 6 |

| 7 | 7 |

| 7 | 7 |

| 7 | 7 |

길이 붙임 딱지 ....

[63쪽]

8	8
8	8
8	8

9

9

9

9

9

9

9

10

10

10

10   10   10